Identificación, análisis y aprovechamiento de la administración del conocimiento para la empresa y organización mexicana del siglo XXI.

Daniel Trejo Medina

México D.F.

Noviembre 2008

.

ISBN 978-0-578-00936-0

Resumen

El presente estudio de investigación aborda la problemática del aprovechamiento de la administración del conocimiento en la organización mexicana, ya que no cuenta con un método estandarizado que lo maneje y que obtenga utilidad de él, para poder obtener mayores ingresos, impulsar una mayor colaboración laboral e innovación, que impactan directamente en el nivel de productividad y competitividad de la organización y del país mismo. El objetivo es proponer un modelo aplicable a la organización mexicana, que le permita identificar y aprovechar el conocimiento de manera adecuada y alineada con la estrategia de su negocio. El marco teórico está sustentado en estudios de organizaciones internacionales como la OCDE, estudiosos y líderes en ésta área de expertise y línea de investigación; se identificaron y analizaron diversos modelos sobre los cuales se sustenta el nuevo modelo propuesto.

Con base en un estudio descriptivo transeccional elaborado en instituciones y empresas mexicanas, encontramos que las organizaciones de gran tamaño tienen un avance incipiente en la instrumentación de la administración del conocimiento lo que contrasta la hipótesis planteada, sin embargo son iniciativas aisladas; las empresas que cuentan entre 50 y 1,000 empleados son candidatas inmediatas, dada la línea de servicios que ofrecen, su posicionamiento en el mercado, su búsqueda para obtener un valor diferenciado en ciclos menores de producción y el querer innovar basados en su conocimiento explícito, además de contar con un uso casi nulo de la administración del conocimiento.

El análisis demostró pertinente el poder medir y evaluar si llevar a cabo este cambio en la organización aportará algún valor mesurable. El modelo propuesto, ADSA, contempla cuatro fases: análisis, diseño, solución, apreciación. Cada una de estas fases tiene una razón lógica, siempre alineada con el requerimiento de la organización o con la búsqueda de aportarle valor; sin perder de vista la administración del cambio, sus habilitadores técnicos y sociales.

La administración del conocimiento aprovechada debidamente impacta positivamente en una mayor rentabilidad, contribuye en la generación de inteligencia colectiva, que puede derivar en la construcción de una economía copartícipe del conocimiento para México.

El presente trabajo fue la tesis para obtener el grado de Maestría en Administración de Negocios (MBA) en la Escuela Bancaria y Comercial, México el 28 de noviembre de 2008.

Abstract

The need for Knowledge Management (KM) has been drastically increasing so organizations may meet the high level of complex business change, dynamics and uncertainty. This investigation approaches the challenge of the KM in the Mexican organization, since a large number of them do not have a standardized method from which they can obtain benefits in order they can achieve higher revenue, increase the employee collaboration and innovation, which impacts not only in the organization´s productivity, competitiveness but in the country one. The goal is to propose a model for the Mexican organization to allow them to identify and take advantage of the knowledge suitable and aligned with their business strategy. The theoretical frame is based in the best practices emitted by international organizations like the OECD, researchers and leaders in this expertise area and research line, also based in the diverse actual models for KM.

We sustain our new proposed model in a descriptive and transactional study based in 55 Mexican institutions, we found that large companies have already an incipient and isolated knowledge management implementation, nevertheless; companies within 50 and 1000 employees are immediate candidates for KM due to their market position, services they offer, and their search to obtain a value added service or product in shorter production cycles, and also due their need to innovate using their own explicit knowledge, most of the has no use for KM.

The KM goal may vary in the companies, the analysis showed the pertinence to evaluate and measure the benefit and return of investment when they pretend to implement a KM solution, and must add a positive value to the organization.
The proposed model, ADSA, includes four stages: analysis, design, solution, appreciation. Each one it is logically aligned to the business requirement a knowledge based value generation, always following up the social and technical enablers.

A properly used knowledge management strategy will impact positively in a higher revenue or profit, and also contributes in the generation of collective intelligence, that cans impulse the construction, and sustain for Mexico´s knowledge economy.

Abstrait

La présente étude de recherche aborde la problématique de l'utilisation de l'administration de la connaissance dans l'organisation mexicaine, puisque non compte avec une méthode normalisée qui le manie et qui obtient utilité de lui, pour pouvoir obtenir de plus grandes recettes, promouvoir une plus grande collaboration de travail et une innovation, qu'ils ont un impact directement le niveau productivité et compétitivité de l'organisation et du pays lui-même.

L'objectif est de proposer un modèle applicable à l'organisation mexicaine, qu'il lui permet d'identifier et de profiter de la connaissance de manière adéquate et alignée avec la stratégie de son affaire. Le cadre théorique est soutenu dans des études organisations internationales comme l'OCDE, étudiants et chefs dans celle-ci secteur expertise et ligne de recherche ; ils ont été identifiés et ont analysé divers modèles sur lesquels on soutient le nouveau modèle proposé.

Avec base dans une étude descriptive transeccional élaborée dans des institutions et des entreprises mexicaines, nous trouvons que les organisations de grande taille ont une avance naissante dans l'instrumentation de l'administration de la connaissance ce qui contraste l'hypothèse posée, ils sont toutefois des initiatives isolées ; les entreprises qui comptent parmi 50 et 1.000 employés sont candidates immédiates, vu la ligne de services qu'offrent, son positionnement sur le marché, sa recherche pour obtenir une valeur différenciée dans des cycles plus petits de production et vouloir innover basés sa connaissance explicite, en plus de disposer une utilisation presque nulle de l'administration de la connaissance.

L'analyse a démontré pertinent le pouvoir mesurer et évaluer si mener à bien ce changement dans l'organisation elle apportera une certaine valeur mesurable. Le modèle proposé, ADSA, considère quatre phases : analyse, conception, solution, appréciation. Chacune de ces phases a une raison logique, toujours alignée avec la demande de l'organisation ou avec la recherche de lui apporter valeur ; sans perdre de vue l'administration du changement, ses fournisseurs techniques et sociaux.

L'administration de la connaissance profitée dûment a un impact positivement une plus grande rentabilité, contribue dans la génération d'intelligence collective, qui peut dériver dans la construction d'une économie co-prend de la connaissance pour le Mexique.

"Yo soy yo y mi circunstancia, y si no la salvo a ella no me salvo yo"

José Ortega y Gasset (1914)

A mi madre y a mi padre por su circunstancia, ejemplo, tenacidad y congruencia.

A Anny, Sofía, Daniel, Alonso, por su sabiduría, amor, paciencia y apoyo.

A Luz, Adriana, Luis Daniel, Max... a Flor.

Tabla de contenidos

Antecedentes

El mundo de negocios actual está caracterizado por ser dinámico, cambiante y con un avance tecnológico continuo, lo cual ha inducido en las organizaciones una necesidad de convertirse en entidades más flexibles que requieren fortalecer su potencial para aprender como organización.

El valor de las empresas hoy en día ya no se rige únicamente por su capital financiero, la nueva economía ha traído una nueva manera de valuar las organizaciones, por lo cual hoy las empresas que encabezan las listas de las mejores del mundo son las que cuentan con un personal altamente especializado, es decir un capital humano de alto desempeño.

El conocimiento se convierte en una tendencia organizacional fundamental y en factor clave de la creación de valor. Cada vez más la atención se centra en expandir la base de conocimiento organizacional, ya sea por aprender de otros (es decir colegas, asociados, contratistas, entre otros) o por crear nuevo conocimiento vía la innovación, ambos procesos deben facilitar la ventaja competitiva de manera sustentable.

Figura 1 El ciclo del aprendizaje organizacional. Fuente: elaboración propia.

La evolución de una economía industrial a una informacional ha situado al conocimiento en el centro de la misma, Peter Drucker en su libro "La sociedad Pos capitalista" [Drucker; 1993] menciona que en la economía, el conocimiento no solo es uno más de los recursos tradicionales de la actividad productiva (tierra, trabajo, capital) sino que se ha convertido en el único recurso que puede garantizar la sustentabilidad económica en el presente y futuro. Hoy día el conocimiento es un insumo básico que permite a las organizaciones mantenerse en un proceso de innovación continuo, al mejorar sus procesos, productos y servicios. Dicho recurso está contenido en los miembros de la organización, y en la medida que las organizaciones sean capaces de administrarlo correctamente, podrán disponer de la principal ventaja competitiva de la nueva economía, el conocimiento.

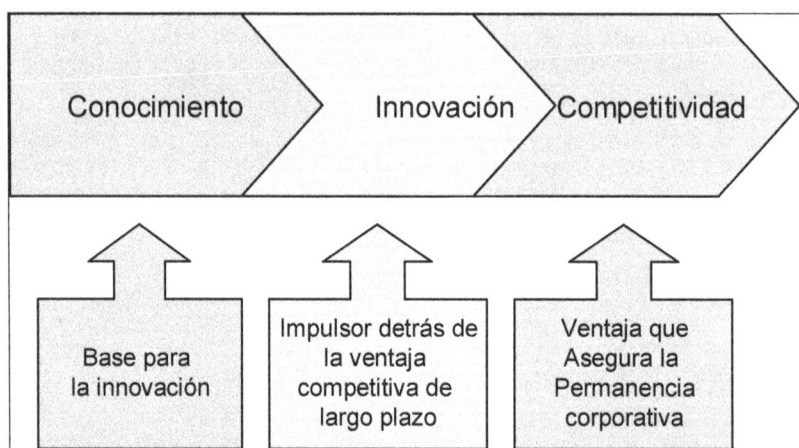

Figura 2 El conocimiento como base de la ventaja competitiva. Fuente: elaboración propia.

La Internet, ha apoyado a tener un récord en cuanto a su velocidad de difusión de datos e información comparada con otras tecnologías que se insertaron en el entorno del hombre y las organizaciones. A partir de la década de los años 1990, impulsada por las ideas de Internet, la información y su tecnología asociada dejó de ser un recurso alejado de los entes sociales, para transformarse en el ambiente en el cual se encuentran inmersos; allí surge la percepción de que la era de la información había comenzado. Sin embargo, el fenómeno de Internet no era más que la punta de un iceberg que ocultaba una transformación mucho más profunda y trascendente: la revolución del conocimiento. Esto significa la transición hacia la era del conocimiento[1].

La era del conocimiento surge a raíz de un cambio rápido, masivo, general y profundo del centro de gravedad de la escala de valores de lo económico, social y político desde las fuentes tangibles de la era industrial o metalmecánica, capital, bienes y trabajo, a las intangibles de hoy, conocimiento y tiempo.

---

[1] Cf. Tomas L. Friedman, The World is Flat.2005.

2

México, es un país con un enorme potencial, con un gran bagaje histórico y porque no decirlo, técnico, sin embargo cuantas veces dentro de nuestro ámbito profesional hemos tenido la solución en nuestras manos, pero no conocíamos el cómo hacerlo, o más, sin tener la información o antecedente cometemos el mismo error, ¿Nuestra memoria es muy corta? Quizás si lo sea, sin embargo como empresa o institución es momento que procuremos conservar el conocimiento.

Cada día nuestro activo más valioso sale por la puerta del centro de trabajo, con un riesgo enorme para la institución y de la misma manera cada día entra este activo de vuelta, ¿Por qué no asegurar la permanencia de esta ventaja competitiva? Y no se refiere a tener al trabajador siempre enclaustrado, sino su conocimiento documentarlo, hacerlo explícito, y poderlo reutilizar, para luego entonces, innovar.

En un estudio elaborado por el Centro de Sistemas de Conocimiento del ITESM en Octubre de 2001, sobre una muestra de 310 ejecutivos de empresa de México, el 44% de ellos contesto no tener un proyecto definido de administración del conocimiento y el 64% de ellos la consideraron para organizaciones de clase mundial únicamente. Solo el 10% de ellas manifestaron tener o haber tenido una iniciativa para generar valor a través de conocimiento.

Este estudio tiene más datos interesantes, pero particularmente sobresale la tendencia de que los ejecutivos mexicanos, tienen un reconocimiento intuitivo del valor del conocimiento para lograr ser exitosos, sin embargo no cuentan con una plataforma (llámese organizacional, ó tecnológica) que los apoye y mucho menos modelos o caminos confiables que puedan seguir para ejecutar la administración del conocimiento.

3

Capítulo I Introducción

En México y en Latino América uno de los muchos retos es el es poder formar e integrar talento y aprovechar su conocimiento en el mundo laboral, en las próximas dos décadas la región tendrá un bono demográfico muy importante, que significa una gran oportunidad para generar desarrollo si podemos aprovecharlo.

Debido a la influencia de la mundialización y de la globalización, la manera de trabajar está cambiando intensamente, impulsado por la aceleración de los procesos políticos, económicos, sociales y culturales y por la necesidad que esto genera a todos, personas, grupos u organizaciones de una innovación continua para impulsar la competitividad.

En buena medida el conocimiento influye en las organizaciones para evitar o ahondar en la escasez de talento, ya sea porque éste no se adapta, no se adquiere y se desarrolla, o por la falta de habilidades, actitudes y valores que con la misma velocidad con la que se está transformando la demanda de los mercados, de tener una generación de valor agregados a sus productos o servicios.

Aportar valor a la empresa, que sencillo suena pero que complicado es, más aun cuando temas como el capital intelectual no han sido adoptados plenamente, aunque de facto, hoy día están reflejándose cada vez más en la valuación de las empresas[2], sobre todo las que tienen posición en alguna Bolsa de Valores, y para no ir más lejos podemos hablar de todas aquellas empresas cotizadas en el NASDAQ[3] como ejemplo. Ya algunos expertos como el Premio Nobel Robert Solow lo mencionan, Solow desarrollo un estudio en los años de 1940 a 1949 donde llego a una sorprendente conclusión: más del 80 por ciento del crecimiento de la producción por hora de trabajo que se registro en ese periodo se debió al progreso técnico [Solow, 1957], donde menciona entre otros factores al conocimiento.

México cada vez las empresas se mueven, según el INEGI y la Secretaría de Economía, a un esquema de desarrollo que le permita no solo tener mayores ingresos, sino a la vez permitirle desarrollarse hacia un sistema terciario desde el punto de vista macroeconómico. La "globalización local" del mundo provoca que no solo las empresas puedan crecer rápidamente, sino que también la capacidad de procesar información o datos deba ser menor conforme más datos o información se obtienen, y que hablar de poder generar conocimiento.

---

[2] James Tobin en 1969 introdujo el concepto de la Q, que es una relación entre el valor de mercado de una empresa y el costo de reposición de los activos de una empresa. El valor de mercado de una empresa corresponde al valor presente de los beneficios económicos esperados (market value added, por su definición en inglés) más la inversión inicial en activos. Los costos de reposición hacen referencia al costo de vender los activos de la empresa en el mercado. Tobin buscaba una relación causal entre la Q y la inversión, incorporando las expectativas que los inversionistas tienen acerca de la productividad marginal futura de los factores de producción, si la Q marginal es mayor que uno, existen incentivos para invertir ya que los beneficios esperados del proyecto son mayores que su costo, si Q marginal menor que 1 no es oportuno invertir. James Tobin fue Premio Nobel de Economía en 1981.
[3] NASDAQ. National Association of Securities Dealers Automated Quotations. Es el mayor mercado de acciones electrónicas del mundo basado en EE.UU.

Si bien la administración del conocimiento es un tema que desde 1990 ha estado en boga, no ha tenido aun la adopción en México que pudiera ayudar a las empresas e instituciones a poseer una fuente de ventaja competitiva, que permita focalizarse en los requerimientos de los trabajadores del conocimiento, una fuerza cada vez mayor, como lo son los ingenieros, médicos, científicos, escritores, programadores de software, abogados, mercadólogos y en general los que permiten crear un ambiente de aprendizaje que cumpla con las exigencias de la economía de la información post-industrial.

Las empresas en América Latina han crecido en tres grandes bloques, la micro, la pequeña y mediana empresa (PYME), los grandes corporativos, en América Latina la gran mayoría de las empresas pertenecen al segmento PYME y estas se desarrollan en pos de obtener un mayor crecimiento no solo en tamaño sino en beneficios y participación de mercado, muchas de ellas se quedan en el intento, una opción interesante es poder definir los lineamientos o sugerencias que permitan a estas empresas crecer con equipos y aprovechar el conocimiento y apoyarla a generar un valor importante a sí misma, a partir de que crecen y pueden llegar a ser grandes corporaciones[4].

Las sociedades contemporáneas se enfrentan al reto de proyectarse y adaptarse a un proceso de cambio que ha avanzado muy rápidamente hacia la construcción de sociedades del conocimiento. Este proceso es dinamizado esencialmente por el desarrollo de nuevas tendencias en la generación, difusión y utilización del conocimiento, y demanda la revisión y adecuación de muchas de las empresas y organizaciones sociales, así como la creación de otras nuevas con capacidad para asumir y orientar el cambio. Una sociedad del conocimiento es una sociedad con capacidad para generar, apropiar, y utilizar el conocimiento para atender las necesidades de su desarrollo y así construir su propio futuro, y convierte la creación y transferencia del conocimiento en herramienta de la sociedad para su propio beneficio.

En la sociedad del conocimiento y del aprendizaje, las comunidades, empresas y organizaciones avanzan gracias a la difusión, asimilación, aplicación y sistematización de los conocimientos creados u obtenidos localmente, o accedidos desde el exterior. El proceso de aprendizaje se potencia en común, a través de redes, empresas, gremios, comunicación inter e intra institucional, entre comunidades y países. Una sociedad de aprendizaje significa una nación y unos agentes económicos más competitivos e innovadores; también eleva la calidad de vida a todo nivel.

En estos últimos años se habla de la nueva economía o economía del conocimiento, con contenidos y enfoques propios de nuestros tiempos, globalización y nuevas tecnologías de la información y comunicación principalmente.

---

[4] Los investigadores Chad Jones y Bob Hall en 1996 hicieron un estudio en el Center for Economic Policy de Stanford analizando la infraestructura, capital humano y físico de varios países y su relación con el bienestar, mostrando que la productividad se ve directamente influida por el capital humano.

La economía actual es un claro ejemplo del proceso acumulativo y acelerado de conocimientos aplicados a los procesos productivos. En esa perspectiva, aunque la gestión del efectivo, los edificios o la maquinaria se mantienen como herramienta básica para las empresas, nace la administración eficaz de los activos inmateriales presentes en las organizaciones como garantía del crecimiento competitivo de las mismas. No obstante, en la práctica, la mayoría de las organizaciones desconoce donde se sitúan sus activos inmateriales, su valor y cómo se administran.

Al centrar la mirada en las organizaciones y sus prácticas de administración se trata de conocer qué implica el conocimiento, cómo se crea y puede ser gestionado. Si por un lado, se evidencia que el conocimiento es el principal activo de las personas y de las organizaciones y su principal fuente de ventaja competitiva, por otro, se constata que muchas cuestiones permanecen abiertas incluso en su propia definición. La variedad de conceptos, definiciones, modelos y experiencias, así como los vacíos y deficiencias que se mostrarán a lo largo del presente trabajo, son un claro reflejo y revela el importante camino que queda por recorrer.

Hoy día con la denominada *Net Generation*[5] y su fusión con las anteriores generaciones (X, baby boomers) ha generado la economía de la colaboración, que se considera es el resultado de dos fuerzas convergentes que no nos esperarán para ser cada vez mayores:
- Un cambio profundo en la estructuras de las organizaciones, para abrir sus estructuras y colaborar cada vez más con fuentes externas para crear valor [Tapscott, 1995].

El crecimiento de una economía realmente global, que demanda y demandará nuevas maneras de cooperación y sobre todo y más importante, desarrollar a los trabajadores del conocimiento que permitan solucionar problemas a organizaciones que buscan respuestas muy particulares.

Los autores e investigadores Ángel Castiñeira, y José María Lozano, hablan de tres revoluciones:
- La primera es el conocimiento aplicado a las herramientas, que da lugar a la revolución industrial
- La segunda es el conocimiento aplicado al estudio y organización del trabajo (manual)
- La tercera es la revolución de la productividad y el conocimiento aplicado al conocimiento, la revolución del "management" [Arboníes, 2006].

Es la propuesta de este trabajo el ofrecer un marco de referencia para las organizaciones mexicanas principalmente, puedan identificar y aprovechar el recurso del conocimiento de

---

[5] Termino atribuido a John Garci, canadiense, para la generación de jóvenes nacidos entre 1980 y 1990, que "asesora a sus padres porque éstos no entienden Internet" es la llamada a un modelo estratégico de pensamiento para negocios mundiales. VI Encuentro Estratégico de Internet AMIPCI México. 2006.

una manera metódicamente adecuada, para generar un valor para sí misma en su beneficio.

Ya que la forma de crear, desarrollar y difundir el conocimiento está cambiando, la administración del mismo apoyará la forma de entender la nueva organización empresarial o institucional y ¿Por qué no? Iniciar una inteligencia colectiva.

1.1 Problema de investigación

La empresa mexicana está conformada principalmente por grupos de trabajo que no ocupan metodológicamente los datos e información para crear, mejorar o utilizar el conocimiento.

La evolución de las empresas comienza a ir poco a poco a un sector terciario, donde el conocimiento y valor, por la preparación de los colaboradores incide cada vez más en el resultado de la misma, por esta razón los equipos de trabajo cada día se convierten en un diferenciador importante.

La administración del conocimiento   emergió de la academia alrededor de 1990's y se volvió un tema muy importante para los líderes de negocio y tecnología, tiempo después perdió ese impulso, parte debido a las malas instrumentaciones y parte debido a la poca madurez al quererlo convertir en un tema puro de tecnología.

Hoy día la administración del conocimiento está convirtiéndose en países europeos principalmente, en un elemento crítico de la estrategia de negocio, que permitirá a las organizaciones a acelerar la tasa a la cual pueden manejar   nuevos mercados y oportunidades, y se hace mediante el recurso más precioso, el saber como colectivo, el talento y la experiencia.

Cito textualmente a Lew Platt, antiguo CEO de Hewlett Packard: *"Si HP supiera lo que HP conoce podríamos ser tres veces más rentables".*

La información y datos se duplican prácticamente al doble cada dos años, el poder encontrar los datos precisos en el momento adecuado se convierte en un problema, en México y en general Latinoamérica, no hay una práctica clara y establecida que permita capturar y monitorear los datos, la información y que permita facilitar la creación de nueva investigación y/o conocimiento de manera fácil, no importa la vertical de industria, llámese finanzas, servicios, manufactura, telecomunicaciones, gobierno, educación y otros. La oportunidad está en definir un modelo que permita a la organización mexicana sacar provecho de una de las fuentes económicas claves para obtener ventaja competitiva, el mismo Peter Drucker lo menciona en su libro "Managing in a Time of Great Change"

La ventaja competitiva de las empresas del siglo XXI ha dejado de ser los activos tangibles, dado que hoy día es más rentable el activo intelectual, o de otra manera, el conocimiento y experiencia de cada empleado ó colaborador de la organización. Basado en las tendencias actuales a nivel mundial, para seguir en el mercado se necesita tener una innovación permanente, misma que puede ser soportada con la administración del conocimiento.

De acuerdo con el CONACYT[6] de "2.8 millones de empresas solo 3,377 se consideran que tienen sistemas ISO9000, solo 2500 son empresas exportadoras y menos de 300 hace un tipo de investigación y desarrollo" [CONACYT, 2001, p. 51]. El 99% de las empresas están en un nivel de competitividad[7] calificada de emergentes, es decir en una situación de supervivencia. Este es un ejemplo de la realidad en la administración del conocimiento en México.

Según los últimos reportes del International Institute for Management Development (IMD) en su libro World Competitiveness Yearbook, México es la undécima economía a nivel mundial, sin embargo "solo invierte el 0.4 % de su Producto Interno Bruto en Ciencia y Tecnología lo que ha originado que su nivel de competitividad como país se ubique entre los lugares 36 y 42 de una muestra de 49 países" [CONACYT, 2001, p 36].

Se sabe que en promedio las empresas mexicanas invierten menos del 0.1% del PIB[8] en investigación y desarrollo, aunado con que solo 25,000 personas en todo el país se dedican a alguna actividad relacionada [CONACYT, 2001, p. 45]. Esta situación coloca a las empresas en una posición de desventaja con otros países como España, Corea y Brasil, que en la década de 1970 estaban al mismo nivel de México y en la actualidad muestra indicadores de avance superiores[9].

Es por las razones antes expuestas que se considera como nuestro problema el que: **las empresas mexicanas no tienen un método estandarizado que utilice y obtenga provecho de la administración del conocimiento.**

Se busca aplicar la experiencia de campo de más de cinco años en diversas industrias verticales, para poder apoyar a las organizaciones a que instrumenten de manera exitosa un modelo de administración del conocimiento.

1.2 Esquema de problema de Investigación

---

[6] Consejo Nacional de Ciencias y Tecnología
[7] La competitividad es la capacidad de una organización, pública, privada, lucrativa o no (incluso de un individuo) de mantener sistemáticamente ventajas que le permitan alcanzar, sostener y mejorar una determinada posición en el entorno socioeconómico.
[8] Producto Interno Bruto.
[9] Por no mencionar a otros países que tienen intercambio comercial con México, como EE.UU., Chile, China, entre otros.

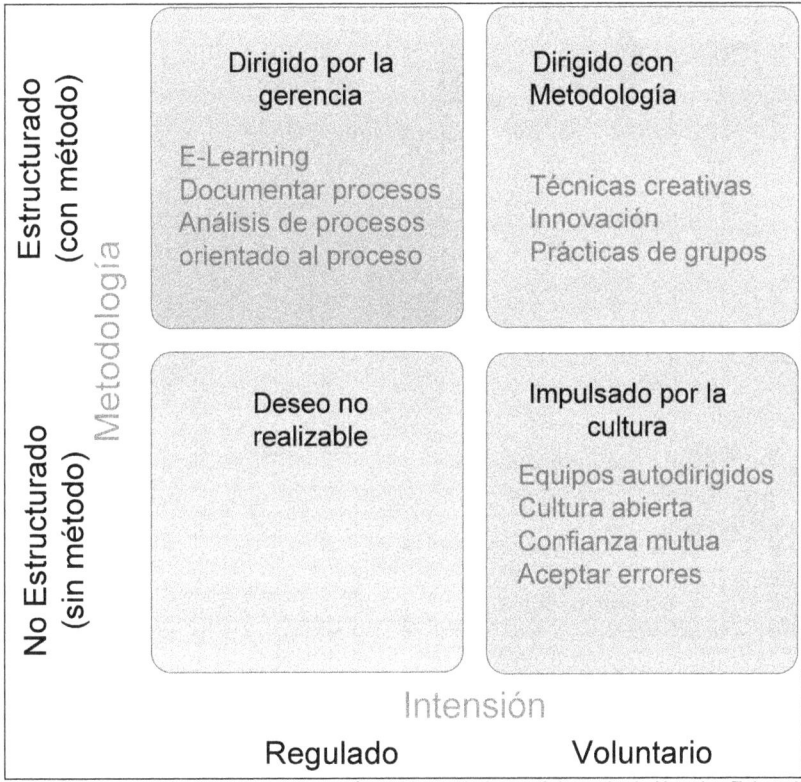

	Intensión	
Estructurado (con método)	**Dirigido por la gerencia** E-Learning Documentar procesos Análisis de procesos orientado al proceso	**Dirigido con Metodología** Técnicas creativas Innovación Prácticas de grupos
No Estructurado (sin método)	**Deseo no realizable**	**Impulsado por la cultura** Equipos autodirigidos Cultura abierta Confianza mutua Aceptar errores
Metodología	**Regulado**	**Voluntario**

Figura 3 Introducción de la Administración del conocimiento. Adaptado de Nonaka, Takeuchi

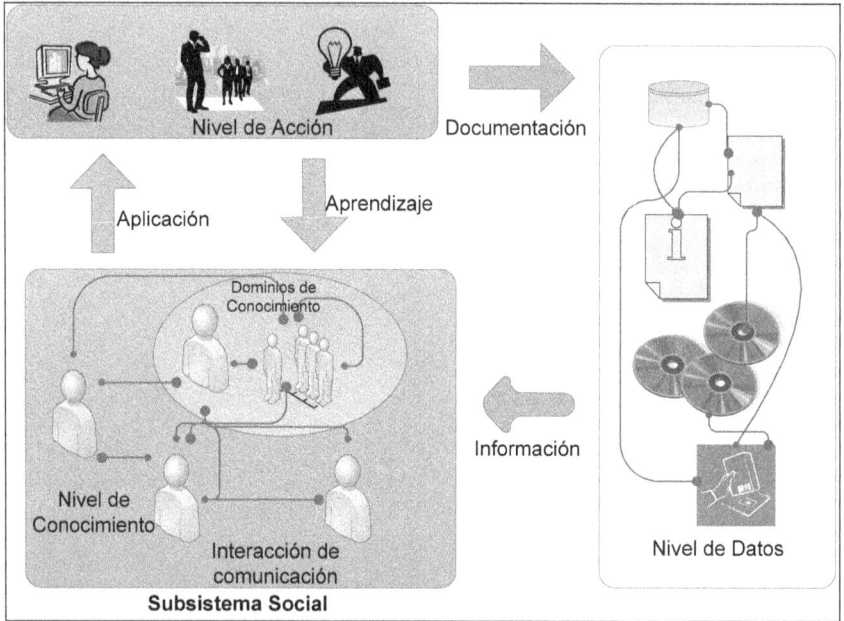

Figura 4 Modelo básico de la Administración del conocimiento. Fuente: adaptado de Dierkes, Berthoin Antal, Child, Nonaka.

En la gráfica siguiente procuramos identificar las principales causas y efectos del problema bajo el método ZOPP[10].

---

[10] ZOPP: " Ziehl Orientierte Project Plannung" siglas que en alemán que significan "Planeación de proyectos dirigido a objetivos". Referencia en Internet: http://www.jjponline.com/marcologico/resumido.html. Septiembre 20 de 2008

causas

efectos

Causas:

- Falta de equipos de trabajo de alto desempeño
- Alta cantidad de conocimiento tácito
- Innovación no planeada
- Resistencia al cambio
- Evaluación de ROI
- De Implementación
- Marco Referencial
- ¿I&D, innovación?
- Falta de presupuesto
- Información y datos aislados
- No esta documentado el conocimiento
- Desconocimiento

Problema central

Las empresas mexicanas no tienen un método estandarizado que utilice y obtenga provecho de la administración del conocimiento.

Efectos:

- Poco diferenciamiento de servicios en su mercado basado en su experiencia
- Posición competitiva de mercado débil
- Baja comunicación entre grupos/ equipos
- Ciclos de innovación largos
- Alto impacto en su productividad con respecto a la rotación de personal
- Duplicidad de funciones / puestos / reprocesos
- Sin contribución activa del personal
- Índices crecientes de rotación
- Aumento de la carga de trabajo de los colaboradores
- Cantidad de personal dedicado a labores poco útiles
- Inversión elevada en la formación de personal

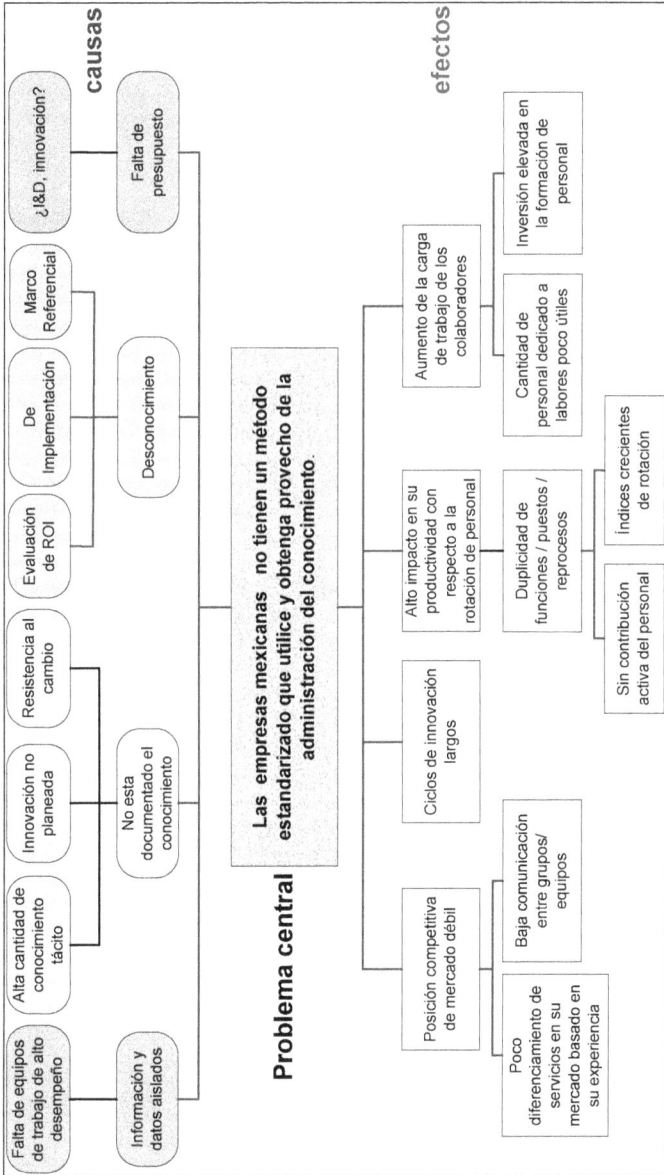

Figura 5 Representación gráfica del problema por método ZOPP. Fuente: elaboración propia.

1.3 Justificación del estudio

1.3.1 Social

El mito de trabajo en equipo del mexicano y de la poca colaboración para generar conocimiento se refleja en resultados claros y fuertes en el individualismo empresarial, sin embargo no hay un parámetro claro de como identificarlo o como implementar un modelo que facilite la adopción de la administración del conocimiento, sin importar el tipo de equipo de la organización

El poder definir desde el cómo crear ó conformar el equipo, desarrollarlo, mantenerlo y potenciarlo es un punto crucial en los nuevos modelos comerciales de las organizaciones en México, de tal manera que se agregue valor y permita la sustentabilidad.

La importancia del conocimiento dentro de una organización recae no solo en un individuo sino en la manera en que se le motive a este a ser cada día más especializado en su desempeño laboral.

Realmente el poder contar con una organización basada en la nueva economía del conocimiento, le da un nuevo giro hoy en día a la nueva formar de administrar una organización. Al partir de que las personas se han vuelto cada día miembros importantes y partes esenciales que ayudan al éxito de la misma organización y que estos a su vez son factores claves que ayudan a salir adelante y a generar más valor a una empresa, haciéndola de esta manera diferente a las demás; da como resultado que pase a ser una organización basada en la antigua economía a una organización basada en conocimiento o en pos de seguir las rutas hacia la nueva economía.

Si nota en el sistema de administrar de la nueva economía esta muestra como el capital humano de una organización puede generar ventajas competitivas sobre las demás empresas. El saber administrar nuestro capital humano nos puede generar no solo una ventaja competitiva en innovación de productos y servicios, sino que también puede minimizar costos de reclutamiento, capacitación y disminuir nuestra rotación de personal.

Es por eso que el capital humano está ligado directamente al desarrollo organizacional, ya que estos se deben encontrar alineados para identificar a su propio capital humano y poder desarrollar las competencias que estos posean dentro de una organización. Pero si nos vamos a un principio el capital humano está relacionado directamente con la administración del conocimiento, y es por esta razón que se debe tomar en cuenta para poder desarrollar todo lo inherente con la misma.

Con la elaboración del modelo se logrará alcanzar el objetivo principal de este trabajo, que es basándose en una estructura de administración del conocimiento y al iniciar de un ciclo del conocimiento donde se consideren las etapas de crear, adquirir, utilizar, evaluar e identificar, ligar directamente estas partes a los sistemas de la empresa para poder involucrar variables como habilidades, conocimientos, esfuerzos, comportamiento, tiempo, así como aprendizaje y cultura organizacional, podamos ofrecer como resultado un aporte de valor y procurar la sustentabilidad de la empresa o institución en el camino a la economía del conocimiento.

La cultura organizacional juega un papel muy importante en el desarrollo de este modelo ya que es la que rige el liderazgo hacia el cambio y ayuda a crear una necesidad compartida para crear una nueva visión, lo que hace más fácil movilizar el compromiso para cambiar sistemas y estructuras organizacionales, así como poder controlar los avances y hacer que los cambios que se den sean más perdurables dentro de una organización.

Las principales tendencias serán en uno de los muchos casos la motivación, factor que también tomará parte del modelo como impulsador para el desempeño organizacional de los individuos, de igual modo el compromiso con los valores propios de la organización es otro factor que se tomó en cuenta, planes de seguimiento de gente clave, incentivos y premios adecuados a cada nivel o área de la organización, sistemas de competencias para diferentes tipos de trabajo o roles desempeñados por los individuos de una organización, el "cocheo" y mentores por áreas designadas, nuevas estructuras de roles de trabajo los cuales impulsen al compromiso para dar mejores servicios si este fuera el caso, el desarrollo vocacional dentro de la organización para cada empleado, sistemas multidisciplinarios para maximización del conocimiento de los roles de trabajo desempeñados, y entre otros más estructurar siempre el departamento de recursos humanos para poder analizar las relaciones de empleo dentro de una organización.

Es importante, por no decirlo crucial, que la dirección general deba ser el patrocinador e involucrado directo en el proyecto, ya que de inicio puede existir una resistencia al cambio, y la falta de liderazgo real en diversas áreas puede dar al traste con una estrategia de administración del conocimiento.

1.3.2 Económica

Las empresas que inician este proceso más allá del ahorro inmediato de tiempo, dinero y esfuerzo, obtendrán un nuevo estilo de trabajar, al ser más productivos en el mismo tiempo, pero también, genera una nueva manera de compartir sus conocimientos.

Una empresa en la nueva economía que administre adecuadamente su información y aproveche este conocimiento y sobre todo, los datos para crear nuevo valor agregado tiene una tasa de adopción más rápida que cualquier empresa empírica o de administración Tayloriana.

En la economía del conocimiento, el intelecto y las ideas innovadoras son una fuente de ventaja y riqueza para los individuos, organizaciones y naciones, estos factores también propician el desarrollo humano e inciden en una mejora de la calidad de vida.

En el año 2006 la Comisión Europea mencionó que la tecnología y sobre todo la apoyada en información e inteligencia, impactará en como la sociedad integre esas capacidades en las nuevas estrategias sociales para utilizarse en beneficio de nuevas prácticas para mejorar servicios, desde n servicios públicos hasta procesos democráticos, y a la industria en la generación de nuevos bienes o servicios, mismos que se tornarán en un impulsor de los ingresos de un país.

Es por esto que la administración del conocimiento cobra un valor aún más interesante para la sociedad mexicana y latinoamericana, donde ya la mano de obra barata no es más una opción competitiva

El capital intelectual, si lo vemos en términos financieros es deuda, es decir es una inversión en el futuro cuyo rendimiento será determinado en el futuro, y la administración del conocimiento, es el administrador de este mercado de futuros.

La pregunta como lo hacen algunas personas [Edvinsson y Malone, 1997], es el porqué si el sistema contable actual no puede captar el valor real de una empresa moderna, no hacemos algo para identificar los valores intangibles que no figuran en un balance, o al menos medirlos e imaginar la manera de presentarlos adecuadamente.

La revolución del conocimiento en los siglos dieciocho y diecinueve no solo trajo nuevas ideas y conocimientos, sino que también mejores y más accesibles herramientas tecnológicas.
La habilidad que tengamos hoy día para publicar y distribuir el conocimiento disminuirá dramáticamente los costos de las organizaciones, lo cual impactará en el proceso de aprendizaje y en el más eficiente cambio económico, como se propuso en la introducción, las organizaciones se abrirán cada vez más para tener un enlace con la ciencia abierta, e iniciarán ciclos virtuosos de creación de conocimiento y su aplicación para tener periodos de crecimiento sostenible, prosperidad y mejoras técnicas.

En pocos años veremos cómo organizaciones de conocimiento, y considero que pudiera ser en general, seguirán en crecimiento y generándolo mientras su costo de concebir un nuevo conocimiento de manera interna no exceda el hacerlo por fuera[11] [Dornbusch et al, 2004].

Dado lo anterior se puede considerar una ventaja para las organizaciones el tener un modelo que les permita administrar el conocimiento, misma que apoyará a su sustentabilidad y crecimiento.

---

[11] Ronald H. Coase ya lo propone en su libro: The Firm, the Market, and the Law.

1.4 Objetivos

1.4.1 Objetivo general

Proponer un modelo para la administración del conocimiento aplicable a la organización mexicana, permitiéndole identificarlo y aprovecharlo de manera adecuada con la estrategia de negocio de la misma.

1.4.2 Objetivos específicos

Definir un método que permita alinear la estrategia de negocio a la administración del conocimiento en empresas mexicanas.

Proponer lineamientos básicos para la generación de la administración del conocimiento en empresas mexicanas.

Capítulo II Marco Teórico

2.1 Introducción

Las empresas mexicanas compiten uno a uno a nivel global sin importar su tamaño o vertical de negocio con otras empresas, donde la única ventaja competitiva será cada vez más la innovación, y su clave es el conocimiento y dentro de esto el cómo administrarlo es fundamental.

Peter Drucker inventó el termino de "trabajador del conocimiento" en los 1960´s. Hay algunas discusiones alrededor de la administración del conocimiento, pero siempre estuvieron más del lado de los sociólogos que de los negocios. Es hasta los 1990´s que las revistas de negocios voltearon a ver este concepto dado que varias empresas de consultoría comenzaron a hablar del tema.

Esta primera generación de 1990 a 1995 inicio cuando el término de reingeniería estaba en boga, y muchos trabajadores del conocimiento utilizan computadoras portátiles y buscaban evitar perder los equipos, y no por el costo del hardware, era el de la información contenida dentro, y esto inició también al compartir de la información con sus colegas, al crear los procesos iniciales de la administración del conocimiento.
Las empresas más innovadoras hicieron de la administración del conocimiento un capricho más que una estrategia. En esta época es cuando se crea el rol de Director del Conocimiento (CKO – Chief Knowledge Officer).

En los siguientes cinco años se tuvo la creencia errónea de que el conocimiento podría ser codificado en las mentes de los gerentes. El antecedente teórico fue creado por un profesor japonés llamado Ikujiro Nonaka, quien publico diversos trabajos de creación de información en su país, y desde 1991 utilizó la etiqueta de "generación del conocimiento". En 1991 escribe un artículo en la revista Harvard Business Review llamado "La empresa creadora de conocimiento" que ayudo a popularizar la noción del conocimiento "tácito", las ideas e intuiciones valiosas y sumamente subjetivas que son difíciles de captar y compartir porque la gente las lleva en su cabeza. De este artículo se retoman las siguientes frases:

- Crear nuevo conocimiento tiene que ver tanto con ideales como con ideas
- Los ejecutivos deben desafiar a los empleados a reexaminar lo que dan por sentado.

Sin embargo el parte aguas vino hasta 1995 cuando junto con Hiroteka Takeguchi publicó un libro con el mismo nombre [Nonaka, 1995]. En este documento se presenta el primer modelo denominado SECI, mismo que mencionaremos más adelante en detalle.

2.2 Administración del conocimiento

2.2.1 El conocimiento

Aunque el conocimiento existía desde las más remotas eras de la humanidad, incluso hoy, en la era de la información o la era del "trabajo del conocimiento", continúa la dificultad de definirlo y comprenderlo, genera todavía conflictos en torno a la esencia del significado de las palabras "dato", "información" y "conocimiento", que son, muchas veces, usadas como sinónimos. Las definiciones más significativas para estos términos son:

- **Dato**: Elemento o cantidad conocida que sirve de base para la resolución de un problema, elemento de información o representación de hechos o de instrucciones, en forma apropiada para el almacenamiento, procesamiento o transmisión por medios automáticos.

- **Información**: Acto o efecto de informar (se), informe, datos acerca de alguien o de algo, comunicación o noticia traída al conocimiento de una persona o del público, instrucción, dirección, conocimiento amplio y bien fundamentado, resultante del análisis y combinación de varios informes, según la teoría de la información, medida de reducción de la incertidumbre, sobre un determinado estado de cosas, por intermedio de un mensaje.

- **Conocimiento**: Acto o efecto de conocer, idea, noción, noticia, ciencia, práctica de vida, experiencia, discernimiento, criterio, apreciación, conciencia de sí mismo, acuerdo, en el sentido más amplio, atributo general que tienen los seres vivos de regir activamente el mundo circundante, en la medida de su organización biológica y en el sentido de su supervivencia.

Al unir los conceptos expresados anteriormente bajo una definición práctica se puede afirmar que conocimiento:

- Son las creencias cognitivas, confirmadas, experimentadas y contextualizadas del conocedor sobre el objeto, las cuales estarán condicionadas por el entorno, y serán potenciadas y sistematizadas por las capacidades del conocedor, las cuales establecen las bases para la acción objetiva y la generación de valor.

Refuerza también los variados significados que la palabra conocimiento tiene en diferentes lenguas y que la definición dependería del contexto donde se aplicara.

Afirman diversos especialistas que el conocimiento debería tener cuatro características:

- Es tácito: porque los conceptos cambian o se adaptan a la luz de las experiencias de los individuos.
- Es orientado a la acción: porque posee la cualidad dinámica de generar nuevos conocimientos y superar los antiguos.

- Está sustentado por reglas: porque la creación de patrones en el cerebro, con el paso del tiempo, permiten actuar con rapidez y eficacia, de forma automática, en situaciones inconcebibles.
- Está en constante cambio: porque el conocimiento puede ser distribuido, criticado y aumentado.

Algunos autores, entre ellos Nonaka y Takeuchi [Nonaka et al, 1995], clasifican el conocimiento en dos categorías principales:

- Conocimiento explícito: representa un conocimiento codificado, sistemático y que es transferible a través del lenguaje formal. Nonaka y Takeuchi mencionan que es el conocimiento que esta expresado de manera formal y sistemática, como lo veíamos anteriormente

- Conocimiento tácito: exponente de un conocimiento personal, no articulado, implícito y difícil de formalizar y comunicar (incluyendo experiencias, acciones, valores, emociones e ideas).

2.2.2 El conocimiento como recursos estratégico

Las diferentes disciplinas centradas en el estudio de las organizaciones han sido analizado desde hace décadas, y con perspectivas diferentes, los aspectos críticos de su gestión, adaptación a los cambios y competitividad de las mismas. En un entorno global –en el que los mercados, los productos, las tecnologías, los competidores, las legislaciones y las sociedades en su conjunto cambian a gran velocidad- la innovación continua y el conocimiento que hace posible dicha innovación se han convertido en importantes fuentes de supervivencia y ventaja competitiva sostenible para una empresa, región o sociedad. [CIDEC, 2000].

En este contexto, se reafirma que el conocimiento, la capacidad de crearlo y utilizarlo, se constituyen en la principal fuente de ventaja competitiva de las organizaciones, las regiones o las sociedades. Además, el reconocimiento de la importancia del conocimiento como recurso estratégico y factor de ventaja competitiva sostenible supone un cambio en la forma de concebir la gestión de las organizaciones.

Aunque los conceptos de información y conocimiento se utilizan con frecuencia de forma indistinta, se puede establecer una diferencia entre ambos. Mientras que la información consiste en un flujo de mensajes, el conocimiento se crea cuando ese flujo de información se enraíza en las convicciones y el compromiso de un sujeto. La información proporciona un nuevo punto de vista para interpretar siendo, por tanto, un medio necesario para obtener y construir el conocimiento, influye en el mismo, añadiéndole algo o reestructurándolo.

En la teoría de creación de conocimiento organizacional se adopta la definición tradicional de conocimiento como "creencia cierta justificada". En la epistemología (teoría del conocimiento) occidental tradicional la certeza es la cualidad esencial del conocimiento. Sin embargo, resulta necesario contemplar las dimensiones relativas, dinámicas y humanísticas de la creación del conocimiento. El conocimiento es específico con respecto al contexto y relacional en tanto que depende de la situación. Dinámico, puesto que su creación se asienta en interacciones dinámicas sociales entre individuos, grupos, organizaciones y sociedades. Humanístico puesto que está en esencia relacionado con la actividad humana y arraigado en los sistemas de valores de las personas (subjetivo).

Por otro lado, hay que tener en cuenta la existencia de dos tipos básicos de conocimiento. El conocimiento explícito, que se puede expresar en un lenguaje formal y sistemático y, por tanto, es posible procesarlo, transmitirlo y almacenarlo. Este conocimiento versa sobre acontecimientos pasados y está orientado a una teoría sin contexto. El conocimiento tácito cuenta con elementos cognoscitivos, paradigmas, creencias o perspectivas y otros elementos como la experiencia práctica, las habilidades y cualificaciones informales difíciles de detallar. La articulación de modelos mentales tácitos es un factor esencial en la creación de nuevo conocimiento. Se deben considerar ambos tipos de conocimiento y su interacción, se inicia por el individuo y avanza a su ampliación en la dimensión organizacional, regional y social.

El aspecto más importante del dinamismo de una organización, región o sociedad con respecto al conocimiento es su capacidad para, al iniciar de las capacidades con las que cuenta en cada momento, crear constantemente nuevo conocimiento. En este sentido, la creación de conocimiento se concibe como un proceso inagotable que se actualiza constantemente.

2.2.3 Visión del conocimiento en la teoría organizacional

2.2.3.1 Administración estratégica y cultura organizacional

Los planteamientos realizados desde el pensamiento estratégico sobre la administración y gestión empresarial, están encabezados y liderados por Michael Porter y su Teoría de la Ventaja Competitiva Sostenible, que subraya la importancia del conocimiento como recurso estratégico.

El pensamiento estratégico ha tenido la virtud de señalar al conocimiento como fuente de ventaja competitiva de las organizaciones. La planificación y gestión estratégica se centra principalmente en el pensamiento lógico y analítico mientras que los aspectos humanos no cuantificables tienden a no ser considerados como recursos estratégicos [Mintzberg, 2007].

Esta visión del conocimiento, que no dirige su atención hacia los valores, creencias y experiencias de todos los miembros de la organización, deja fuera de su campo de visión una gran cantidad de conocimiento tácito. Es por esto que los dominios teóricos que plantea limitan las posibilidades de creación y administración del conocimiento. El proceso de generación de conocimiento, desde esta perspectiva, arrancaría en la cúpula de la organización para ir hacia la base, y se asigna sólo a los directivos la capacidad y la posibilidad del conocimiento.

Así, el conocimiento poseído por todos los demás miembros de la organización permanece oculto y quedaría, por tanto, inutilizado.

Como respuesta a las propuestas científicas y analíticas de la estrategia empresarial surgen, en la década de los 80, los planteamientos sobre la cultura en las organizaciones.

Los estudios de cultura organizacional tienen el mérito de considerar a la organización como un sistema epistemológico, se resalta la importancia que revisten los factores humanos tales como los valores, las creencias o el compromiso. De este modo, se establecen las bases para futuras investigaciones sobre el conocimiento tácito existente en las organizaciones.

Se reconoce así a las mismas como un sistema de valores y significados compartidos, que pueden aprender y cambiarse a sí mismas a través de la interacción social de sus miembros (perspectiva interna) y de la organización con su entorno (perspectiva externa).

Desde estas aproximaciones, algunos autores como Richard J. Black [Black, 2003] han subrayado determinadas limitaciones que presentaban los estudios de cultura organizacional, especialmente en lo referente a la escasa atención que se ha prestado al potencial y la creatividad de las personas que encierra una visión de las mismas como procesadores de información y no como creadores de la misma. También se ha señalado la tendencia a limitar a la organización a desempeñar un papel pasivo en sus relaciones con el entorno.

2.2.4 Características del conocimiento

Basado en los autores Andreu y Sieber (2000), lo fundamental son básicamente tres características:

- El conocimiento es personal, en el sentido de que se origina y reside en las personas que lo asimilan como resultado de su propia experiencia (es decir, de su propio "hacer", ya sea físico o intelectual) y lo incorporan a su acervo personal cuando están "convencidas" de su significado e implicaciones, articulándolo como un todo organizado que da estructura y significado a sus distintas "piezas"

- Su utilización, que puede repetirse sin que el conocimiento "se consuma" como ocurre con otros bienes físicos, permite "entender" los fenómenos que las personas perciben (cada una "a su manera", de acuerdo precisamente con lo que su conocimiento implica en un momento determinado), y también "evaluarlos", en el sentido de juzgar la bondad o conveniencia de los mismos para cada una en cada momento

- Sirve de guía para la acción de las personas, en el sentido de decidir qué hacer en cada momento porque esa acción tiene en general por objetivo mejorar las consecuencias, para cada individuo, de los fenómenos percibidos (incluso cambiándolos si es posible).

Estas características convierten al conocimiento, cuando en él se basa la oferta de una empresa en el mercado, en un cimiento sólido para el desarrollo de sus ventajas competitivas. En efecto, en la medida en que es el resultado de la acumulación de experiencias de personas, su imitación es complicada a menos que existan representaciones precisas que permitan su transmisión a otras personas efectiva y eficientemente.

2.2.5 El proceso del conocimiento

El proceso del conocimiento se define como un mecanismo de conocimiento dentro de las organizaciones como un proceso de conocimiento, dividiéndolo en tres etapas:

- Generación del Conocimiento.
- Codificación del Conocimiento.
- Transferencia del Conocimiento.

El "descubrimiento" del conocimiento es el proceso por el cual ampliamos la cantidad y calidad de nuestro almacén de conocimiento. Esto se puede llevar a cabo a través de una serie de procesos que incluyen la lectura, escritura, conferencias, trabajo en equipo, sueños diarios o trabajo en un equipo directivo.

El objetivo de la codificación es colocar al conocimiento en alguna forma legible, entendible y organizada, para que pueda ser utilizado por todas las personas que necesiten de él.

Los conocimientos explícitos son codificados con mayor facilidad. Por su complejidad y por residir en la mente de las personas, y han sido desarrollados y asimilados básicamente por experiencias, la codificación del conocimiento tácito no siempre es posible. Una forma de proveer un mayor acceso a este tipo de conocimiento es la elaboración de un mapa de conocimiento donde se encuentre, dentro de la organización, el conocimiento que se precisa. Este mapa apunta a las personas, documentos, bancos de datos, entre otros, puede ser usado como índice de conocimiento o como herramienta para evaluar el stock corporativo de conocimiento organizativo.

La difusión del conocimiento consiste en compartir esquemas mediante un proceso de interacciones de colaboración y retos. Es el proceso de compartir conocimiento cuyo objetivo es ampliar o mejorar el valor y la calidad del contenido y no permutar y comercializar su valor en el mercado abierto, para lo cual existen medios formales e informales para la transferencia de conocimiento.

2.2.6 El proceso de la administración del conocimiento

Tal como lo indica la definición entregada anteriormente, la administración del conocimiento está asociada al proceso sistemático de administración de la información. Este proceso se puede apreciar de forma básica como:

- Detectar: Es el proceso de localizar modelos cognitivos y activos (pensamiento y acción) de valor para la organización, el cual radica en las personas. Son ellas, de acuerdo a sus capacidades cognitivas (modelos mentales, visión sistémica, entre otros), quienes determinan las nuevas fuentes de conocimiento de acción. Las fuentes de conocimiento pueden ser generadas tanto de forma interna (investigación y desarrollo, proyectos, descubrimientos, entre otros) como externa (fuentes de información periódica, Internet, cursos de capacitación, libros, entre otros).

- Seleccionar: Es el proceso de evaluación y elección del modelo en torno a un criterio de interés. Los criterios pueden estar basados en criterios organizacionales, comunales o individuales, los cuales estarán divididos en tres grandes grupos: interés, práctica y acción. Sería ideal que la o las personas que detectaron el modelo estuvieran capacitadas y autorizadas para evaluarla, ya que esto permite distribuir y escalar la tarea de seleccionar nuevos modelos. En todo caso deberán existir instancias de apoyo a la valoración de una nueva fuente potencial.

- Organizar: Es el proceso de almacenar de forma estructurada la representación explícita del modelo. Este proceso se divide en las siguientes etapas:

    o Generación: Es la creación de nuevas ideas, el reconocimiento de nuevos patrones, la síntesis de disciplinas separadas, y el desarrollo de nuevos procesos.

    o Codificación: Es la representación del conocimiento para que pueda ser accedido y transferido por cualquier miembro de la organización a través de algún lenguaje de representación (palabras, diagramas, estructuras, entre otros). Cabe destacar que la representación de codificación puede diferir de la representación de almacenamiento, dado que enfrentan objetivos diferentes: personas y máquinas.

    o Transferencia: Es establecer el almacenamiento y la apertura que tendrá el conocimiento, ayudado por interfaces de acceso masivo (por ejemplo, la Internet o una Intranet), junto de establecer los criterios de seguridad y acceso. Además debe considerar aspectos tales como las barreras de tipo temporales (Vencimiento), de distancias y sociales.

    o Filtrar: Una vez organizada la fuente, puede ser accedida a través de consultas automatizadas en torno a motores de búsquedas. Las búsquedas se basarán en estructuras de acceso simples y complejas, tales como mapas de conocimientos, portales de conocimiento o agentes inteligentes.

- Presentar: Los resultados obtenidos del proceso de filtrado deben ser presentados a personas o máquinas. En caso que sean personas, las interfaces deben estar diseñadas para abarcar el amplio rango de comprensión humana. En el caso que la comunicación se desarrolle entre máquinas, las interfaces deben cumplir todas las condiciones propias de un protocolo o interfaz de comunicación.

- Usar: El uso del conocimiento reside en el acto de aplicarlo al problema objeto de resolver. De acuerdo con esta acción es que es posible evaluar la utilidad de la fuente de conocimiento a través de una actividad de retroalimentación.

Cabe destacar que el proceso de administración del conocimiento propuesto se centra en la generación del valor, por lo que el centro de dirección del proceso es el negocio.

2.3 Transferencia del conocimiento

Las organizaciones deben reinventar y actualizar continuamente su conocimiento común. Esto exige que tomen parte repetidamente en dos tipos de actividades relacionadas con el conocimiento. Primero, deben encontrar maneras eficaces para transformar en conocimiento su experiencia en desarrollo (al crear conocimiento común). En segundo lugar, tienen que transferir dicho conocimiento a través del tiempo y del espacio (fortalecer el conocimiento común).

La transformación de la experiencia en conocimiento puede parecer algo que sucede automáticamente en cualquier organización, sin embargo, esto no es así (Dixon, 1990).

Existen tres criterios que determinan como funcionará un método de transferencia del conocimiento en una situación específica:

- Quién es el receptor propuesto del conocimiento en términos de similitud de tareas y contexto
- La naturaleza de la tarea en términos de cuán rutinaria y frecuente es.
- El tipo de conocimiento que se está transfiriendo.

Receptor propuesto

Cada receptor tiene contextos diferentes que pueden influir en la transferencia del conocimiento, depende de su capacidad de absorción, tipos de habilidades para trabajo en equipo y en la utilización de herramientas tecnológicas, además de su experiencia en el área de trabajo, entendimiento del lenguaje y el tipo de conocimiento que requiere (general, directivo o técnico). La semejanza de la tarea y el contexto entre el grupo fuente y el grupo receptor y la capacidad de absorción de este último son factores decisivos en la determinación del tipo de método de transferencia que será más eficaz.

A menudo, las organizaciones dedican inicialmente con toda atención al grupo fuente, concentrándose en quién posee el conocimiento dentro de la organización e identificar qué conocimiento tiene, el cuál sería útil de transferir. La tendencia es que se presta menos atención a las características del individuo o el grupo que recibirán el conocimiento.

Antes de seleccionar un mecanismo de transferencia de acuerdo a quién es el receptor propuesto, es importante evaluar:

Cuán parecidos son la tarea y el contexto del o de los equipos receptores y aquellos del equipo fuente. La identificación en el equipo o equipos receptores de la capacidad de absorción (experiencia, conocimiento técnico y lenguaje común) necesaria para implantar lo que el equipo fuente ha desarrollado.

La naturaleza de la tarea

Un segundo factor que tiene un efecto significativo en la eficacia de la transferencia es la naturaleza de la tarea. Algunas tareas se repiten todos los días, incluso cada hora, en un trabajo determinado. Otras tareas se realizan de manera infrecuente o sólo cuando se presenta cierto conjunto de circunstancias desusadas.

Algunos trabajos consisten en partes que se realizan siempre de la misma manera y otras que son diferentes cada vez que se presentan (dichos trabajos se llaman no rutinarios).

El trabajo de un técnico de reparación de máquinas copiadoras, por ejemplo, tiene aspectos tanto rutinarios como no rutinarios. El diagnóstico para identificar la falla con una copiadora resulta ser una tarea no rutinaria: es como el trabajo del detective. Cuando el técnico en reparación se presenta para arreglar la fotocopiadora, el operador de la máquina puede tener bastante que decir acerca de lo que falló, que ocurrió justo antes de que la máquina se descompusiera, qué ha sucedido en el pasado, entre otros El técnico debe indagar las partes relevantes y las no relevantes de esta a menudo en un reporte de funcionamiento. El técnico añade a esa información los resultados de diversas pruebas de diagnóstico y puede incluso revisar el cesto de papeles en busca de los errores. Mientras tanto, el procura explicar al operador de la máquina que es lo acontecido. En cualquier situación particular diferente a su experiencia lo que el técnico hace después siempre es nuevo, no lineal (una tarea no rutinaria). La característica rutinaria o no rutinaria de una tarea tiene una fuerte influencia en el tipo de sistema que podría transferir el conocimiento de la manera más eficaz.

2.3.1 Categorías de transferencia del conocimiento

De acuerdo a los criterios que determinan como funcionará un método de transferencia del conocimiento (quién es el receptor propuesto, la naturaleza de la tarea y el tipo de conocimiento que habrá de transferirse), se desarrollan cinco categorías de transferencia del conocimiento en donde cada una de las cuales requiere de diferentes elementos de diseño para hacer que la transferencia resulte satisfactoria.

2.3.1.1 Transferencia en serie

El sistema de transferencia en serie comprende la transferencia del conocimiento que un equipo ha aprendido a partir de la realización de su tarea en un contexto, para la próxima vez que dicho equipo realice la misma tarea en un contexto diferente. La acción repetida y el conocimiento obtenido en cada una de las acciones ocurren en forma seriada. El conocimiento que el equipo adquirió durante la primera experiencia lo ayuda a funcionar más eficientemente la próxima vez.

Para que esto suceda, el conocimiento debe transferirse de los miembros individuales al equipo en su conjunto.

La transferencia en serie es un proceso que pone en movimiento el conocimiento peculiar que ha construido cada individuo que forma parte de un grupo o de un espacio público, de modo que pueda integrarse y ser comprendido por el equipo completo. No obstante, el proceso de transferencia es más complejo que el solo hecho de que los miembros informen su conocimiento a fin de que los demás estén al tanto de él. Los miembros individuales son capaces de utilizar lo que los otros han dicho para reinterpretar la manera en que ellos mismos entienden la situación.
Esta integración de las ideas produce una amplia reconsideración de las causas y los efectos, genera la relación de una causa - efecto que resulta en nuevas acciones del equipo, identificar las discrepancias en la percepción de lo que ocurrió y desarrolla nuevas generalizaciones que pueden guiar la acción futura. Es tan importante en este sentido que

se ha dado una transferencia del conocimiento desde lo que conoce el individuo hasta lo que conoce el grupo.

La transferencia en serie pone énfasis en el conocimiento colectivo en vez de hacerlo en el conocimiento individual. Supone que los miembros tienen la capacidad de construir el conocimiento por sí mismos, en vez de proporcionar datos o información para que los demás los utilicen. Se centra en la complejidad de la relación entre la acción y el resultado y da por sentado que los miembros del equipo pueden proporcionar una valiosa perspectiva que ayude a formar una relación más precisa

2.3.1.2 Transferencia cercana

La transferencia cercana es utilizable cuando un equipo ha aprendido algo a partir de su experiencia y que la organización desearía repetir en otros equipos que ejecutan un trabajo muy parecido. Establece una semejanza entre el equipo fuente y el equipo receptor. El escenario está listo para la transferencia cercana cuando un equipo ha desarrollado algún conocimiento acerca de cómo realizar su tarea de forma más eficaz o eficiente. El conocimiento común puede ser tan simple como encontrar una nueva clase de equipo capaz de reducir los costos y el tiempo de trabajo. Puede incluir también un procedimiento más complejo o una serie de pasos que mejoren la eficacia. En muchas organizaciones este tipo de mejora se califica como mejor práctica.

En este tipo de transferencia la existencia de un sistema de notificación puede utilizarse para compartir logros sobresalientes de manera que los demás miembros del equipo puedan capitalizar rápidamente cualquier mejora. En este contexto significa que el conocimiento aparece automáticamente en vez de que los usuarios lo busquen. En el caso del sistema de notificación o alerta, la información aparece en el correo electrónico en el grupo o equipo de trabajo que le puede interesar o requerir como punto focal en la búsqueda del conocimiento, al ser este un mecanismo que ahorra tiempo en la utilización y comprensión de información. Quienes reciben los mensajes ahorran tiempo porque no tienen que buscar el conocimiento y, de manera más específica, no tienen que leer una gran cantidad de conocimiento sin relación alguna. El número de publicaciones debe mantenerse reducido y el nivel debe ser de alta calidad y establecer puntos focales.

La limitación de información que entra en las bases de datos a los productos del trabajo que acontecen en forma natural tiene la ventaja indudable de hacer que las aportaciones se realicen prácticamente sin esfuerzo.

Para que el conocimiento pueda ponerse en acción, los que reciben la transferencia cercana deben tener algún grado de confiabilidad de que quien originó dicho conocimiento es una persona capacitada y capaz.

Las personas que habrán de recibir el conocimiento son quienes mejor pueden identificar los procesos que apoyan la transferencia, que deberá de incluirse en el documento de transferencia y el formato que deberá tener el documento.

En la transferencia cercana, el elemento de la observancia es muy diferente del ofrecimiento de incentivos por cada aportación hecha a la base de datos o de la exigencia de informes en una forma de revisión del desempeño. En la transferencia cercana, la observancia tiene que ver con alcanzar un objetivo de negocios, y la transferencia del conocimiento común es una manera de lograr dicho objetivo.

El conocimiento que se comprarte a través de la transferencia cercana está dirigido. El sistema de notificación se debe limitar exclusivamente a nuevas aportaciones útiles, innovadoras o con cierto nivel de relevancia. La transferencia cercana funciona ya que la semejanza entre los equipos fuente y receptor hace innecesario el uso de informes extensos. Si no es posible transferir el conocimiento con brevedad, entonces es probable que no se trate de una transferencia de conocimiento explícito; podrá ser conocimiento tácito o una compleja combinación de ambos, y las bases de datos no funcionan con este tipo de conocimiento. En tal caso, la empresa tendrá que construir un sistema basado en los lineamientos de la transferencia estratégica o lejana citada en los siguientes objetivos. El paso fundamental consiste en establecer la concordancia entre el tipo de conocimiento y el sistema de transferencia.

2.3.1.3 Transferencia lejana

La transferencia lejana es utilizable cuando un equipo ha aprendido al comenzar de su experiencia que la organización quisiera poner a disposición de otros equipos que desarrollan un trabajo similar.

En la transferencia lejana la tarea es no rutinaria, mientras que en el caso de la transferencia cercana es rutinaria. Esta es utilizable sólo cuando el conocimiento que el equipo fuente ha obtenido es en su mayoría tácito más bien que explícito.

En esta categoría de transferencia el equipo receptor tiene todas las probabilidades de ser muy distinto de quienes son la fuente del conocimiento. Puede encontrarse en una ubicación geográfica diferente, con una cultura diferente, utilizar una tecnología diferente y con un grupo de competidores diferente. Cuando la transferencia es lejana, el conocimiento proveniente del equipo fuente debe transformarse o modificarse mucho para que pueda ser utilizado por el equipo receptor. No es posible tomar simplemente lo que se ha aprendido en un cierto ambiente y reutilizarlo en otro, debido a que el entorno en sí mismo es muy distinto.

La transferencia lejana requiere que aquello que se ha aprendido se transforme en una configuración diferente para que pueda utilizarlo el equipo receptor. Como los contextos de ambos equipos son muy distintos, el conocimiento no es utilizable hasta que ha sido adaptado. El equipo receptor debe llevar a cabo la transformación, o el equipo fuente debe efectuar la transformación basándose en la situación en la que se encuentra el equipo receptor. Las personas son bases de datos vivientes que tienen una ventaja sobre las bases de datos electrónicas porque las primeras poseen la habilidad para comprender una situación específica y después acomodar su respuesta a dicha situación. Los elementos presentes en una situación nueva pueden estimular la memoria tácita de las personas, de manera que recuerden ideas y soluciones provenientes de otras situaciones que han experimentado y que son aplicables a la situación actual. Pueden eliminar las que son demasiado simples o no concuerdan con la situación.

El asignar un nombre a un proceso de transferencia proporciona a los miembros de la organización una manera para referirse a éste. Transforma una petición de conocimiento en algo que va más allá de un individuo que solicita ayuda, hasta participar en una actividad ratificada por la organización. Así pues, la primera razón, y quizá la más importante, para nombrar un proceso de transferencia del conocimiento es que legitima la actividad. Ya como una actividad con nombre y legítima, coloca una petición del conocimiento en el dominio de los procesos de negocios legítimos que producen resultados más rápidos y eficaces.

Con la transferencia lejana puede ocurrir bastante transferencia del conocimiento, pero es más difícil identificarla. A pesar de esto, la transferencia lejana resulta decisiva para las organizaciones. La mayor parte del conocimiento que hace que una organización sea competitiva es tácito, no explícito. El conocimiento tácito es el activo más valioso para cualquier compañía. La transferencia lejana exige un cambio en la forma de pensar acerca de cómo lograr la transferencia del conocimiento.

2.3.1.4 Transferencia estratégica

La transferencia estratégica se parece a la transferencia lejana en que el conocimiento transferido se habrá originado casi seguramente en una ubicación geográfica diferente, con una cultura diferente, empleando tecnología diferente y con un conjunto de competidores diferente. No obstante, mientras que la transferencia lejana afecta sólo a un equipo y la tarea que está realizando, la transferencia estratégica tiene un impacto en grandes partes de la organización.

La transferencia estratégica es pertinente cuando se requiere el conocimiento tanto tácito como explícito de la organización para llevar a cabo una tarea estratégica que se presenta de manera poco frecuente, pero que tiene una importancia decisiva para la organización en su conjunto.

El conocimiento contenido en un activo del conocimiento es una combinación del conocimiento explícito encontrado en las listas de control y en los documentos, y el conocimiento tácito que forma parte de las citas, razonamientos y ejemplos. Lo que el activo del conocimiento es capaz de hacer es evocar asuntos que el equipo receptor puede no haber considerado, ofrecer perspectivas múltiples acerca de los asuntos difíciles y proporcionar la experiencia colectiva sobre el tema.

Después de que los especialistas del conocimiento terminan de construir el activo del conocimiento, éste pasará a manos de una comunidad de práctica, que tiene la responsabilidad de mantenerlo al día.

La transferencia estratégica transforma los elementos específicos de una situación en principios más generalizados. Los especialistas del conocimiento, que son aquellos que viven la experiencia son también quienes escriben acerca de ella, los miembros del equipo involucrado son los responsables de hacer al conocimiento utilizable para los demás. Para recolectar el conocimiento proveniente de los equipos, los especialistas del conocimiento necesitan un conjunto de habilidades que les permitan formular preguntas que extraigan el razonamiento de cada una de las personas que proporcionan el conocimiento.

La transferencia estratégica está centrada en el usuario final, o receptor del conocimiento, en vez de enfocarse en la fuente del mismo. También está enfocada hacia el futuro, por lo que desarrolla el conocimiento necesario en vez de aprovechar el conocimiento existente, afecta múltiples unidades en una organización en vez de afectar a un solo grupo o equipo.

2.3.1.5 Transferencia experta

La transferencia experta es pertinente cuando los equipos que se encuentran con un problema técnico inusual que va más allá del alcance de su propio conocimiento buscan la experiencia de otras personas dentro de la organización para que los ayuden a resolverlo.

Generalmente, el conocimiento que se solicita no se encuentra en un manual o en la documentación estándar.

La pericia técnica en una organización es un bien costoso y escaso, por esta razón, la transferencia experta se ha convertido en una manera funcional y conveniente para compartir la pericia que puede estar ubicada en cualquier parte del mundo. La tecnología cada vez más refinada permite que los equipos obtengan una respuesta para casi cualquier pregunta técnica.

Los sistemas electrónicos facilitan principalmente la transferencia del conocimiento explícito. Los mensajes son breves y van al grano, con peticiones de información muy específica. Estos sistemas electrónicos transportan el conocimiento explícito. No obstante, sirven para localizar a las personas que cuentan con el conocimiento tácito que un equipo necesita.

Los sistemas de transferencia experta probablemente superan en número a cualquier otro tipo de sistema de transferencia del conocimiento. No sólo son relativamente fáciles de establecer, sino que también son inmediata y evidentemente útiles. Sin embargo, existen lineamientos para diseño que les permiten ser más eficaces. Este sistema requiere de la utilización de foros electrónicos segmentados por tema, de manera que las solicitudes vayan sólo a aquellos que tienen el conocimiento y los intereses adecuados para proporcionar una respuesta útil. La segmentación es importante por dos razones: reduce el número de solicitudes recibidas (las solicitudes están dirigidas en lugar de difundidas) y debido al conocimiento del tema se reducen las solicitudes y respuestas debido a que no se requieren de explicaciones largas acerca de lo que todos conocen.

2.4 Creación de conocimiento organizacional

A partir de aquí se resumen las principales aportaciones que Ikujiro Nonaka desarrolla en el libro "La empresa creadora de conocimiento: cómo las empresas japonesas crean la dinámica de la innovación", se trata de una teoría sobre la creación de conocimiento en las organizaciones que es una necesaria referencia para abordar la administración en base al conocimiento. Los desarrollos de Ikujiro Nonaka tienen la virtualidad de ofrecer un soporte teórico sobre la creación y gestión del conocimiento en las organizaciones.

2.4.1 Concepto y elementos

2.4.1.1 Concepto

Por creación de conocimiento organizacional se entiende la capacidad de una organización, considerada en su totalidad, para:

- Crear conocimiento
- Diseminarlo en el conjunto de la organización
- Materializarlo en procesos, productos y servicios

La creación de conocimiento organizacional se asienta en el discurso teórico sobre los orígenes y las fuentes de la innovación continua considerándola como fuente de ventaja competitiva para cualquier tipo de organización. La creación de conocimiento es el combustible para la innovación continua, la cual a su vez constituye una potente fuente de ventaja competitiva. Por tanto se trata de una teoría contextualizada que aborda la creación de conocimiento en un contexto y con una finalidad determinada.

2.4.1.2 Elementos

La teoría se estructura y se plantea en dos dimensiones:

- Dimensión epistemológica: Establece y hace referencia a la distinción entre conocimiento tácito y conocimiento explícito.

- Dimensión ontológica: Establece y hace referencia a los niveles de las entidades creadoras de conocimiento: individuo, grupo, organización, inter-organización.

De una forma gráfica estas dos dimensiones quedan representadas de la forma siguiente.

Dimensión
espitemológica

Conocimiento
explicito

Conocimiento
tácito

Dimensión
ontológica

Individuo   Grupo   Organización   Inter -organización
Nivel de conocimiento

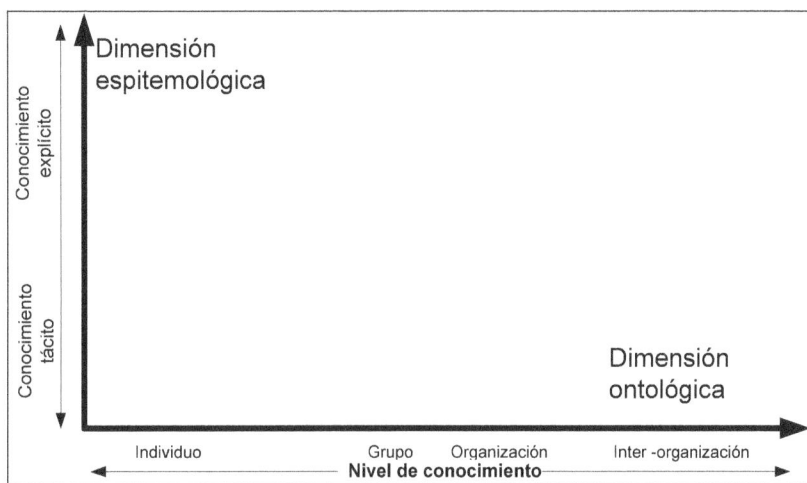

Figura 6 Dimensiones Ontológica y Epistemológica. Fuente adaptado de Ikujiro Nonaka The Knowledge Creating Company

La creación de conocimiento organizacional se mueve a lo largo de los dos ejes expuestos; es decir, el proceso de creación de conocimiento acontece en la dimensión epistemológica y en la dimensión ontológica. Este proceso de creación de conocimiento organizacional es dinámico e interactivo. Por lo tanto, esta teoría tiene como objetivo conocer cómo este proceso, dinámico e interactivo, se desarrolla en cada una de las dos dimensiones y cómo cada de una de las dos dimensión se relacionan entre sí de tal forma que, finalmente, la creación de conocimiento organizacional tiene lugar.

2.4.2 Conocimiento tácito y explicito. Dimensión epistemológica

2.4.2.1 Conocimiento tácito

En un sentido filosófico el conocimiento tácito es personal, posee un contexto específico y, por tanto, es difícil de formalizar y de comunicar.

En un sentido más práctico, el conocimiento tácito incluye elementos cognitivos y elementos técnicos. Los elementos cognitivos: son "modelos mentales" a través de los cuales los seres humanos, mediante el establecimiento y la manipulación mental de analogías, perciben y definen su mundo. Al hablar de modelos mentales se hace referencia a esquemas, paradigmas, perspectivas, creencias y puntos de vista. Los elementos cognitivos, en definitiva, se refieren a imágenes que los individuos poseen de la realidad y a visiones del futuro. Es decir, se refieren a la percepción de los individuos sobre "lo que es" y "lo que debería ser". Los elementos técnicos: son habilidades, aptitudes y saber-hacer (know-how).

2.4.2.2 Conocimiento explícito

El conocimiento explícito o codificado se refiere al conocimiento que es susceptible de ser transmitido en un lenguaje formal y sistematizado, bien en forma de palabras o bien en forma de números. El conocimiento explícito representa tan sólo la punta del iceberg: "Podemos saber más de lo que somos capaces de decir".

Conocimiento tácito (Subjetivo)	Conocimiento explícito (Objetivo)
Conocimiento basado en la experiencia (corporal)	Conocimiento racional (mental)
Conocimiento simultáneo (aquí y ahora)	Conocimiento secuencial (allá y después)
Conocimiento analógico (práctica)	Conocimiento digital (teoría)

Tabla 1 Conocimiento tácito y explícito. Adaptado de Ikujiro Nonaka The Knowledge Creating Company

2.4.2.3 Interacción dinámica conocimiento tácito-explícito y formas de conversión del conocimiento

Esta Teoría de Creación de Conocimiento establece que es a través de la interacción dinámica entre conocimiento tácito y conocimiento explícito como la creación de conocimiento acontece. La naturaleza intuitiva y subjetiva del conocimiento tácito dificulta el proceso de transmisión y/o procesamiento de este conocimiento de una forma sistemática o lógica. Para que el conocimiento tácito pueda ser transmitido y compartido en el seno de la organización, debe ser convertido en números o en palabras; en definitiva, en conocimiento explícito para que todos los miembros puedan entenderlo. Y es precisamente en el momento en el que esta conversión acontece cuando se crea el conocimiento organizacional.

La interacción entre conocimiento tácito y conocimiento explícito es denominada como conversión del conocimiento. De las posibles combinaciones de inter actuación, Nonaka establece cuatro formas de conversión del conocimiento:

- **La Socialización: de tácito a tácito**: La socialización es un proceso de creación de conocimiento tácito. Este proceso implica participar de los conocimientos tácitos de cada individuo y se desarrolla si se comparten modelos mentales, aptitudes y habilidades; es decir, mediante la interrelación/ interacción.

- **La Exteriorización: de tácito a explícito**: La exteriorización es un proceso mediante el cual el conocimiento tácito es articulado en conceptos explícitos. Así, el conocimiento tácito viene expresado y traducido de tal forma que pueda ser entendido por lo demás. Este proceso se desarrolla a través del diálogo y la reflexión conjunta. La exteriorización crea nuevos conceptos explícitos. De los cuatro modos de conversión del conocimiento, la exteriorización es la llave para la creación de conocimiento puesto que genera conceptos nuevos y explícitos que emanan del conocimiento tácito.

- **La Asociación: de explícito a explícito**: La asociación es un proceso de sistematización de conocimiento explícito. En definitiva supone la transformación de conocimiento explícito en formas más complejas de este mismo tipo de conocimiento. Este proceso se desarrollada mediante la reconfiguración del conocimiento explícito ya existente, sea éste de nueva creación o no. Más concretamente, esta reconfiguración puede ser llevada a cabo sobre el conocimiento explícito: clasificándolo, adhiriéndolo, combinándolo y/o categorizándolo. La asociación es la sistematización de un nuevo conocimiento dentro de un cuerpo más amplio de conocimiento.

- **La Interiorización: de explícito a tácito**: La interiorización es un proceso de materialización de conocimiento explícito en conocimiento tácito. Supone la conversión del recién creado conocimiento explícito en un conocimiento tácito de cada individuo. El aprendizaje experimental o "aprender al practicar y ejercitarse" son las prácticas que permiten que este modo de conversión se lleve a cabo. A través de la interiorización el nuevo conocimiento generado se consolida dentro de los elementos cognitivos y/o dentro de los elementos técnicos que cada individuo posee.

Conocimiento tácito

A
Diálogo y reflexión colectiva

SOCIALIZACIÓN
Conocimiento compartido

EXTERIORIZACIÓN
Conocimiento conceptual

De

Compartir modelos mentales y aptitudes

Relacionando conocimiento explícito

Conocimiento operacional
INTERIORIZACIÓN

Conocimiento sistémico
ASOCIACIÓN

Conocimiento explícito

Conocimiento tácito

Aprender haciendo

Conocimiento explícito

Figura 7 La espiral del conocimiento. Adaptación y fuente Ikujiro Nonaka, The Knowledge Creating Company

2.4.3 Conocimiento individual, grupal, organizacional. Dimensión ontológica

El conocimiento se crea exclusivamente por los individuos lo que implica que una organización no puede crear conocimiento por sí sola. Pero, por otro lado, si el conocimiento no puede ser compartido o ampliado a nivel de grupo, entonces no se puede producir la creación de conocimiento organizacional. Es más, si el proceso de conversión del conocimiento se produce a un bajo nivel ontológico, no puede ser generado a nivel organizacional ni, en consecuencia, es posible obtener ningún tipo de ventaja competitiva ya que no puede ser debidamente difundido ni utilizado por la organización para avanzar en procesos de innovación continua. La creación de conocimiento organizacional, por lo tanto, debe ser entendida como un proceso que organizacionalmente amplifica el conocimiento creado por los individuos y lo cristaliza como una parte de la red de conocimiento de la organización.

La dimensión ontológica hace referencia, pues, a los niveles a través de los cuales la creación de conocimiento es ampliada: la interacción entre conocimiento tácito y conocimiento explícito, desde su comienzo a nivel individual, cruza fronteras y se materializa a nivel organizacional e incluso a nivel inter organizacional. Así, en la dimensión ontológica se produce un proceso dinámico de auto trascendencia, en el que la persona, el equipo, e incluso la organización, van más allá de sus restricciones, y se favorece así la creación de conocimiento.

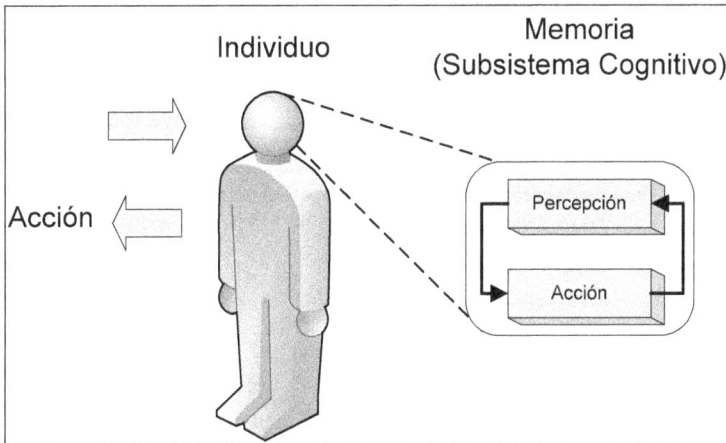

Figura 8 Conocimiento Individual. Fuente: elaboración propia.

Del mismo modo que una organización no puede crear conocimiento por sí sola, y por tanto necesita la interacción de los individuos, de los grupos e incluso de la interacción entre diferentes organizaciones, tampoco los cuatro modos de conversión del conocimiento son suficientes para crear conocimiento organizacional. Así, la interacción entre conocimiento tácito y conocimiento explícito debe entrar en un proceso dinámico que trascienda continuamente los diferentes niveles ontológicos [CIDEC, 2004]

Y en este aspecto se sitúa o reside la esencia y aportación de esta teoría que en pocas palabras podría resumirse como sigue.
Cuando la interacción entre conocimiento tácito y conocimiento explícito se eleva dinámicamente desde un bajo nivel ontológico hacia niveles más altos, surge entonces una espiral de creación de conocimiento organizacional.

De una forma gráfica, la espiral de creación de conocimiento organizacional, queda representada como sigue.

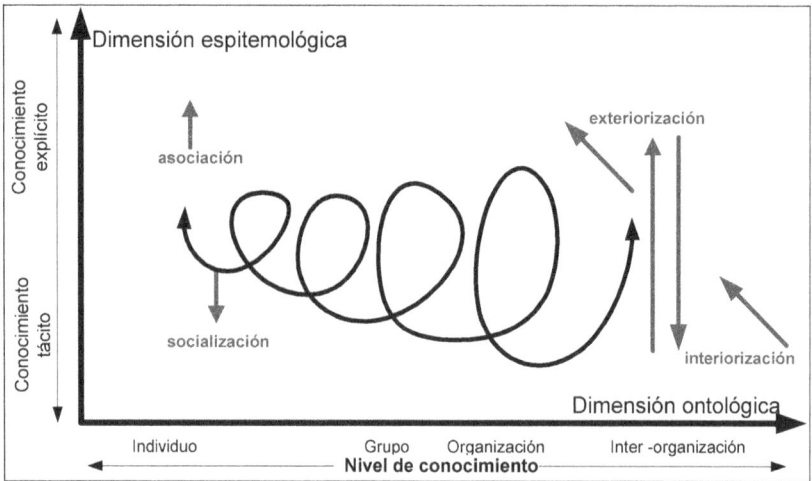

Figura 9 Espiral de creación de conocimiento organizacional. Adaptación propia, fuente Ikujiro Nonaka The Knowledge Creating Company

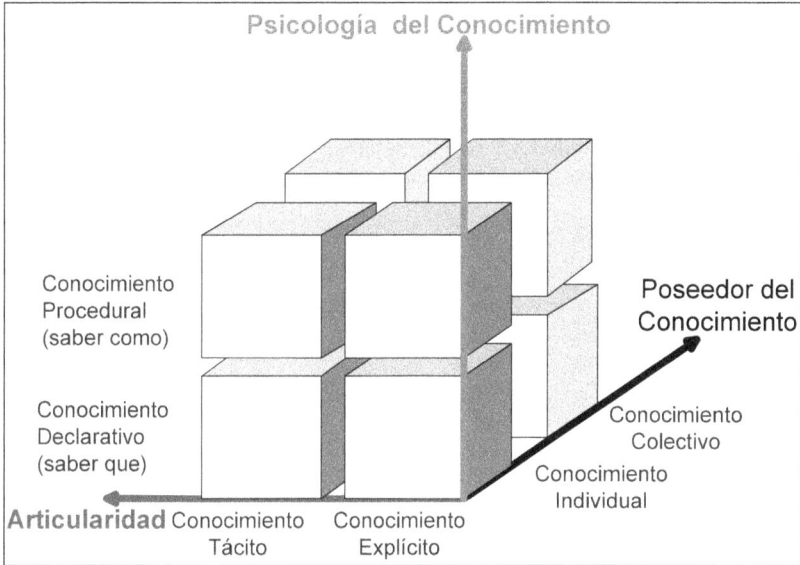

Figura 10 Tipos de Conocimiento. Fuente: Ryle / Polany, adaptación propia
.

De la figura anterior podemos determinar qué:

- La psicología del conocimiento diferencia entre el conocimiento procedural y el declarativo, donde:

  o El declarativo se refiere a los hechos (asuntos, procesos, entre otros) y objetos (personas, cosas, entre otros); también se puede describir como el conocimiento de algo o sabe que.

  o El conocimiento procedural se refiere a la manera en que el proceso cognitivo y las acciones se realizan, también se le conoce como el saber cómo (o del inglés tan usado "know how")

- Si lo vemos al nivel de articularidad, esta dimensión nos indica si el poseedor del conocimiento es o no consciente que tiene. Lo cual resulta a la vez en:

  o Explícito: el cual es conscientemente articulable, es decir del cual el poseedor sabe que lo tiene y puede hablar.

  o Tácito: es aquel del cual no es consciente.

Por la parte de la dimensión del poseedor del conocimiento, podemos ver que:

- El conocimiento individual es poseído por un individuo, y no depende del contexto en el cual este y es controlado por lo el mismo.
- El conocimiento colectivo, es relevante a un ambiente establecido, es decir una empresa, un club, entre otros, puede incluir conocimiento individual que solo alcanza su potencial máximo cuando se comparte y combina con otros. El ejemplo más ilustrativo es una orquesta.

2.5 Aprendizaje

Muchas investigaciones han comprobado la diversidad y relatividad del aprendizaje. Las personas piensan de manera distinta, captan la información, la procesan, la almacenan y la recuperan de forma diferente. La Teoría de los estilos de aprendizaje ha venido a confirmar esta diversidad entre los individuos, y a proponer un camino para mejorar el aprendizaje por medio de la reflexión personal y de las peculiaridades y diferencias en el modo de aprender.

2.5.1 Aprendizaje y conocimiento

Los especialistas conocedores en los distintos entornos (directivos, profesores, técnicos, investigadores, entre otros) tienen en las teorías sobre el aprendizaje un campo de vasto interés e importancia para desarrollar correctamente su función. Se puede afirmar que no se puede gestionar el conocimiento de las organizaciones con plenas garantías si no se tiene en cuenta explícita o implícitamente la teoría de los estilos de aprendizaje.

Los investigadores han comprobado que las manifestaciones externas acerca del aprendizaje responden, por una parte, a disposiciones naturales de cada individuo y, por otra, a resultados de experiencias y aprendizajes pasados, diferentes según los contextos y las culturas.

Se destacan cuatro aspectos especialmente importantes en el funcionamiento cognitivo en relación con los estilos de aprendizaje [Gallego Domingo, 2004]:

- Las cualidades espaciales que se refieren al espacio concreto y al espacio abstracto. Con el espacio concreto se conectan los sentidos, con el espacio abstracto la inteligencia, con las emociones, la imaginación y la intuición.
- El tiempo es controlado por el orden y estructuración de las realidades, orden que puede ser secuencial (lineal o serial) y aleatorio (no lineal o multidimensional).
- Los procesos mentales de deducción e inducción.
- Las relaciones interpersonales, que se mueven entre la afirmación en la individualidad de cada uno, y la vertiente social, es decir, el compartir y colaborar con otros.

No existe aprendizaje de conocimientos sin percepción. Por eso, en el aprendizaje se incluye el proceso perceptivo. Pero no sólo percibimos de forma diferente. También interactuamos y respondemos a los ambientes de aprendizaje de manera distinta. Hay personas que aprenden mejor en grupo, otros prefieren trabajar solos, a otros colaboradores les gusta experimentar por su cuenta antes de que alguien más se los enseñe.

2.5.2 Características del aprendizaje

Para que se pueda dar el aprendizaje en las organizaciones es necesario considerar las siguientes características:

- El tiempo es un recurso escaso. Los adultos no disponen de mucho tiempo para aprender. La generación de conocimiento es limitada. La sociedad actual, con numerosos procesos interiorizados y un gran nivel de compromisos no permite disponer de mucho tiempo para aprender, más que cuando se nos hace absolutamente necesario.

- Alta ocupación. El mundo en las organizaciones destina una parte importante a llevar a cabo procesos que muchas veces son repetitivos y normalizados, por lo que tampoco se pueden dar las condiciones necesarias para aprender en todo momento.

- El aprendizaje es una actividad personal. Para el adulto, aprender debe nacer de una predisposición de la voluntad, de un querer hacerlo. Por ello, una actitud adecuada ante el aprendizaje de novedades garantiza gran parte del éxito.

- Cada persona tiene su propio ritmo. La heterogeneidad del conocimiento útil para cada persona, sumada a la variedad de personas que integran una empresa, una institución, hace que los ritmos para captar la realidad sean diferentes.

2.5.3 Estilos de aprendizaje

El autor Keefe (1982) propone que los estilos de aprendizaje son los rasgos cognitivos, afectivos y fisiológicos, que sirven como indicadores relativamente estables, de cómo perciben los discentes, interaccionan y responden a sus ambientes de aprendizaje [Gallego, Ongallo, 2004].

Rita y Kenneth Dunn son los autores más característicos en la promoción de los estilos de aprendizaje en niveles educativos. Su propuesta de cuestionario de estilos de aprendizaje es un modelo de 18 características, que mostraremos en la tabla siguiente.

En cada uno de los cinco bloques de estímulos aparece una posible repercusión favorable o desfavorable al aprendizaje, en función del estilo de aprendizaje del individuo.

Estímulos	Elementos
1. Ambiente inmediato	1 Sonido 2. Luz 3. Temperatura 4. Diseño 5. Forma del medio
2. Propia emotividad	6.Motivación 7.Persistencia 8. Responsabilidad 9. Estructura
3. Necesidades sociológicas	10.Trabajo personal 11.Con pareja 12.Con dos compañeros 13.Con un pequeño grupo 14. Con otros adultos
4. Necesidades físicas	15.Alimentación 16. Tiempo 17. Movilidad 18. Percepción
5. Necesidades psicológicas	19.Analítico-global 20. Reflexivo-impulsivo 21.Dominancia cerebral (hemisferio derecho o hemisferio izquierdo)

Tabla 2 Variables del Aprendizaje. Fuente: Rita y Kenneth Dunn

David Kolb establece un modelo de aprendizaje por experiencia [Kolb, 1984] reflexiona en profundidad sobre las repercusiones de los estilos de aprendizaje en la vida adulta de las personas. Cada sujeto enfoca el aprendizaje de una forma peculiar producto de la herencia, las experiencias anteriores y las exigencias actuales del ambiente en el que se mueve.

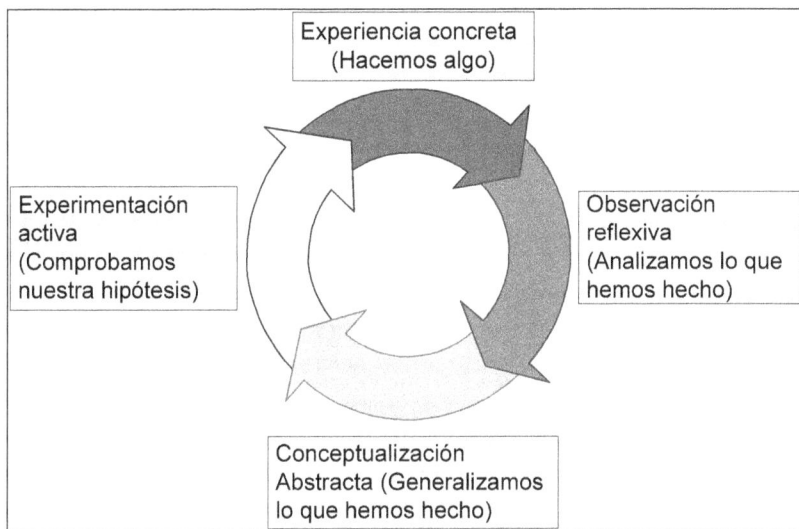

```
                    ┌─────────────────────┐
                    │ Experiencia concreta │
                    │ (Hacemos algo)       │
                    └─────────────────────┘

┌─────────────────┐                         ┌─────────────────┐
│ Experimentación │                         │ Observación     │
│ activa          │                         │ reflexiva       │
│ (Comprobamos    │                         │ (Analizamos lo que │
│ nuestra hipótesis)│                        │ hemos hecho)    │
└─────────────────┘                         └─────────────────┘

                    ┌─────────────────────────┐
                    │ Conceptualización       │
                    │ Abstracta (Generalizamos │
                    │ lo que hemos hecho)     │
                    └─────────────────────────┘
```

Figura 11 Ciclo de aprendizaje según Kolb. Adaptación propia

El proceso de aprendizaje comienza:

- Con una experiencia concreta que es seguida,
- Por la observación y la reflexión que conduce,
- A la formación de conceptos abstractos y generalizaciones que desembocan
- En hipótesis que deben se comprobadas en futuras acciones que a su vez nos conduce a nuevas experiencias.

2.5.4 Hacia una definición de la administración del conocimiento

Al día de hoy hay varias definiciones, todas ellas válidas y con aporte de valor, como una referencia son listadas las siguientes en la tabla mostrada a continuación:

Autor	Definición de Administración del conocimiento
Eduardo Bueno Campos	Es la función que planifica, coordina y controla los flujos de conocimientos que se producen en la empresa en relación con sus actividades y con su entorno con el fin de crear unas competencias esenciales.
Skyrme	Integración de la gestión de información (conocimiento explicitado), de procesos (conocimiento encapsulado), de personas (conocimiento tácito), de la innovación (conversión del conocimiento) y de los activos intangibles o capital intelectual.
Debra M. Amidon	Es un oxímoron y corre el riesgo de convertirse en una moda. Sin embargo la innovación en conocimiento es fundamental para la sostenibilidad de una ventaja colaborativa que permita alcanzar la excelencia en la empresa, para la sostenibilidad de la economía de una nación y para el desarrollo de la sociedad
Robert K. Logan	Se refiere a la utilización de información de un modo estratégico para conseguir los objetivos del negocio. La administración del Conocimiento es la actividad organizacional de crear un entorno social y unas infraestructuras técnicas, de tal forma que el conocimiento sea accesible, compartido y creado
Larry Prusak	Es el intento de reconocer qué es en esencia un activo humano, para poder actuar sobre el mismo y convertirlo en un activo organizacional al que tengan acceso un amplio abanico de individuos que toman as decisiones de las cuales depende la empresa.
Hubert Saint-Onge	Es la creación de valor basado en los activos intangibles de una empresa a través de relaciones donde la creación, el intercambio y la recolección de conocimiento, construyen las capacidades individuales y organizacionales requeridas para proporcionar un valor superior a los clientes.
Josef Hofer-Aleis	La administración del conocimiento es la gestión sistemática y explícita de políticas, programas, prácticas y actividades en la empresa que están relacionadas con el compartir, con la creación y con la aplicación de conocimiento. La administración del conocimiento pretende realzar el conocimiento existente. La administración para el conocimiento pretende desarrollar nuevo conocimiento así como habilidades para la innovación

Tabla 3 Algunas definiciones de administración del conocimiento. Fuente: autores varios

Estas definiciones han ido ajustándose a través del tiempo, de la misma manera la evolución de cómo la gerencia o dirección de organizaciones ha visto a la administración del conocimiento se muestra a continuación:

Los años 2000´s	
Administración del Conocimiento	
Capital Intelectual	
Integración Empresarial	Surge la
Cultura de compartir el conocimiento	Administración del
	conocimiento como
Los años 1990´s	meta corporativa
	unificadora
Competencias base (core competences)	
La organización que aprende	
Reingeniería	
Sistemas de Información Estratégica, Intranets, Extranets	
Valuación de Mercado	
Los años 1980´s	
Administración Total de la Calidad (TQM)	
Cultura Corporativa	
Administración por Caminar Alrededor (MBO)	
Teoría Z	
"Downsizing"	
	La cultura es mas
Los años 1970´s	reconocida
Planeación Estratégica (Porter y Mintzberg)	
Administración de Portafolio	
Automatización	
La curva de experiencia	
Los años 1960´s	
Conglomeración	
Centralización y descentralización	
Teoría Y	
Grupos - T	Enfocada en ir
	hacia un expertise
Los años 1950´s	y conocimiento
Administración por objetivos (MBO)	distribuido
Técnica de revisión y evaluación de programas (PERT)	
Diversificación	
Administración Cuantitativa	
Procesamiento Electrónico de Datos	

Aprendizaje, des-aprendizaje y experiencia se toman en cuenta

El conocimiento tácito aparece en el panorama

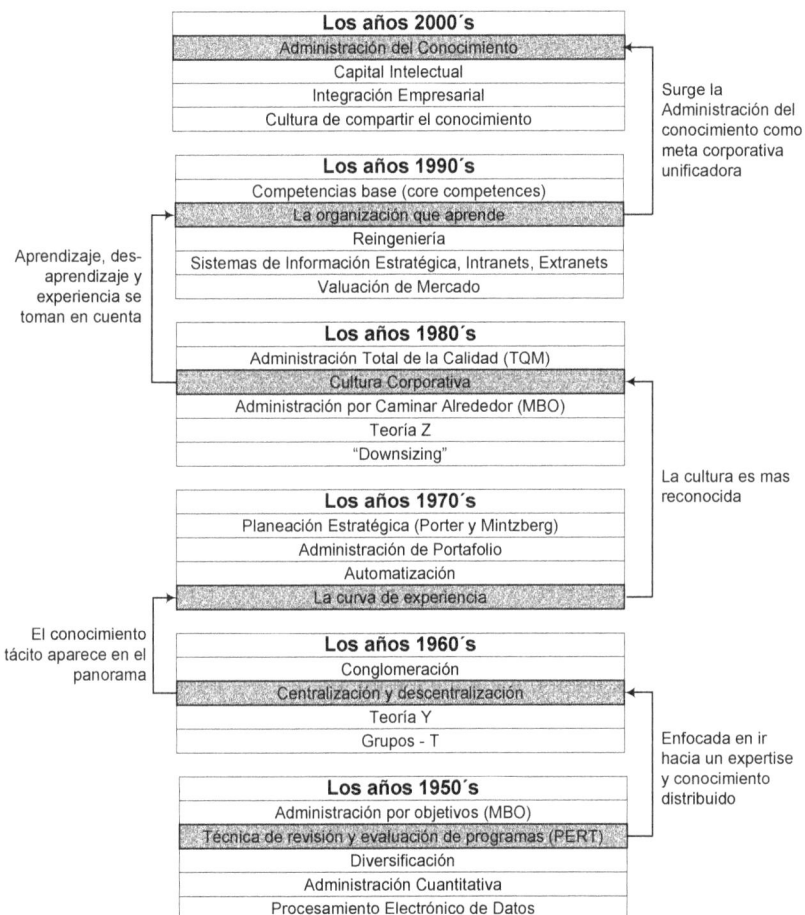

Figura 12 Herramientas de la gerencia a través del tiempo. Fuente: Knowledge Management Toolkit. Tiwana. 2006

2.6 Capital intelectual

2.6.1 Conceptos básicos

El inicio del estudio del capital intelectual surge por la idea de buscar el valor en el conocimiento aportado por los trabajadores o colaboradores dentro de una organización y lo que alrededor de ella genera. El primer autor que menciona este concepto es Roger H. Hermanson [Hermanson, 1963] quien utiliza el concepto de contabilidad del activo humano para poder circunscribir en los estados financieros a las personas, los denomina activos de tipo humano y tienen un valor potencial para la organización de igual manera que un activo fijo, sin embargo, determina que la falta de un modelo apropiado para medirlos es la principal barrera para que estén dentro del estado financiero.

James Hekimian en 1967 [Hekimian,1967] publican en la revista de Harvard Business Review varios conceptos interesantes que derivan en reflejar en los estados financieros el valor pagado por el recurso humano, mismo que está directamente relacionado a la escasez del recurso en el mercado externo, dado por lo complejo ó único de la tarea desempeñada por el empleado.

Ya en los años 1970´s Eric Flamholtz [Flamholtz, 1971] identifica los factores que definen el valor de las personas que colaboran en una organización, en base a los servicios futuros y a su valor que proporcionaran durante el tiempo que trabajen para la misma. Determina el valor condicional y el valor realizable esperado.

Estos valores, consisten respectivamente en los rendimientos promedios esperados expresados a valor presente, bajo la premisa que el colaborador no dejará la organización, al utilizar la promocionabilidad, transferibilidad y productividad.

El otro valor, consistía en los rendimientos promedio esperados expresados a valor presente, pero hasta el momento después de que el trabajador deja la organización. En 1991, Scandia AFS, una empresa sueca de seguros y servicios financieros, junto con el primer director nombrado para administrar el capital intelectual Leif Edvinsson [Edvinsson, 1997], inicia la definición más aceptada del capital intelectual[12]. Scandia AFS. Con referencia en los autores Leif Edvinsson y Michael S. Malone, [Edvinsson y Malone, 1997], este concepto ha estado desde hace muchos años presente, sin embargo, no es

---

[12]"Capital Intelectual es la posesión de conocimientos, experiencia aplicada, tecnología organizacional, relaciones con clientes y destrezas profesionales que proporcionan a Skandia una ventaja competitiva en el mercado" Edvinsson.[Edvinsson y Malone, 1997].

una nueva teoría necesariamente, desde James Tobin[13] que en su momento propuso la variable "q" de Tobin[14], que es la diferencia entre el valor de mercado y el valor en libros de una empresa hasta Nonaka y Takeuchi

Podemos mencionar que el capital intelectual hace referencia a la combinación de activos inmateriales que permiten que la empresa funcione, [Brooking, 1997]. Por otra parte Edvinsson [Edvinsson y Malone, 1997] define al capital intelectual como la suma del capital humano y el capital estructural, mismo que a la vez Edvinsson lo divide en:

- Capital Humano
- Capital Estructural
- Capital Clientela.
- Capital Organizacional.
- Capital Innovación.
- Capital Proceso

---

[13] James Tobin. (1918- 2002) fue un economista estadounidense, defensor de las ideas del Keynesianismo. Firme impulsor de que los gobiernos deben intervenir en la economía con el fin de estabilizar la producción total y evitar las recesiones. Su trabajo académico incluye contribuciones pioneras al estudio de las inversiones, la política monetaria y fiscal y los mercados financieros. Inclusive propuso un modelo econométrico para variables endógenas censuradas, conocido como modelo Tobin. Asimismo sugirió el gravar los flujos de capitales, propuesta actualmente conocida como Tasa Tobin.

[14] La q de Tobin es el resultado de dividir el valor actual de la empresa en función de su rentabilidad esperada, entre el costo de reposición de sus activos reales. Q= (valor de mercado, acciones y pasivos) / (costo de reposición de los activos actuales)

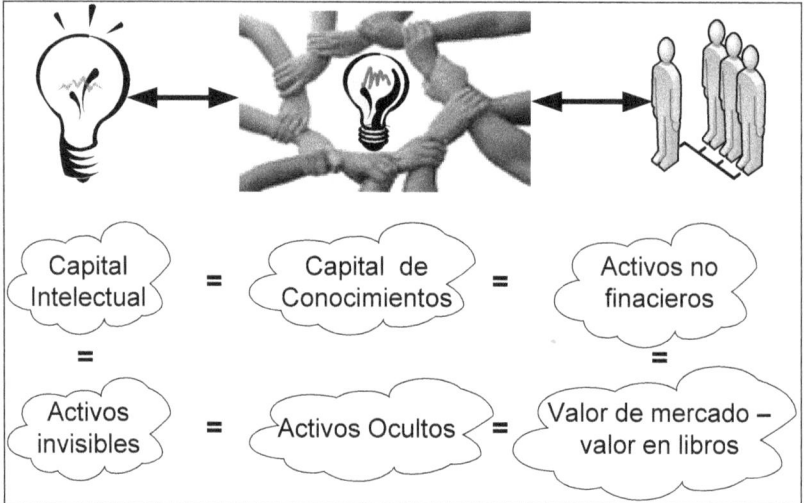

Figura 13 Conceptos similares según Edvinsson. Adaptación propia, fuente: Edvisson, 1997.

Edvisson desarrolló un navegador para Skandia AFS, mismo que servía para darle medición al capital intelectual. Bajo la dirección de Leiff Edvinsson, esta empresa usa desde 1991 los componentes del capital intelectual con la idea de que el verdadero valor del rendimiento de una empresa está en su capacidad de crear valor sostenible. El punto de partida lo representa el esquema de valor de mercado que, más allá de la división entre capital financiero y capital intelectual, profundiza en los componentes que integran este último, lo cual sirve de base para la identificación de las áreas fundamentales sobre las cuales dirigir la identificación de indicadores y su medición.

```
                    ┌─────────────┐
                    │  Valor de   │
                    │  Mercado    │
                    └─────────────┘
          ┌──────────────┴──────────────┐
   ┌──────────────┐            ┌──────────────┐
   │   Capital    │            │   Capital    │
   │  Financiero  │            │  Intelectual │
   └──────────────┘            └──────────────┘
                        ┌────────────┴────────────┐
                 ┌──────────────┐        ┌──────────────┐
                 │ Capital Humano│       │   Capital    │
                 │              │        │  Estructural │
                 └──────────────┘        └──────────────┘
                              ┌──────────┴──────────┐
                       ┌──────────────┐      ┌──────────────┐
                       │  Capital de  │      │   Capital    │
                       │   Clientes   │      │ Organizativo │
                       └──────────────┘      └──────────────┘
                                          ┌───────┴───────┐
                                   ┌──────────────┐ ┌──────────────┐
                                   │  Capital de  │ │  Capital de  │
                                   │  Innovación  │ │   procesos   │
                                   └──────────────┘ └──────────────┘
```

Figura 14 Esquema de valor de mercado[15]. Adaptación propia, fuente: Edvisson, 1997

De este modo se establecen cuatro áreas específicas y una transversal en las que es necesario maximizar los factores de éxito:

- Financiera
- Cliente
- Procesos
- Renovación y desarrollo
- Humana.

A este nuevo modelo para la presentación de informes, integrado y dinámico, Skandia le denominó el Navegador. Es importante resaltar que, en su organización, el Navegador no se compone de tipos de capital sino de áreas de enfoque (las anteriormente citadas): son las áreas en las que la empresa concentra su atención, y de ese enfoque proviene el valor del capital intelectual de la empresa dentro de su entorno competitivo.

---

[15] El Navegador Skandia se basa en la idea de que el verdadero valor del rendimiento de una empresa está en su capacidad de crear valor sostenible

El Navegador Skandia se ha mostrado como un modelo eficiente para la medición del capital intelectual, y seguramente servirá de base para el desarrollo de otros instrumentos futuros en este campo. A continuación se presenta una descripción de este modelo y los indicadores que pueden ser utilizados por las empresas dentro de cada área de atención.

El triángulo superior (con la metáfora del autor, se podría llamar "el desván"), es el enfoque financiero y representa el pasado de la firma. Los indicadores de este enfoque están bien determinados tradicionalmente, si bien la idea de "enfoque" permite la adición de nuevas medidas que sugieren también rendimiento, rapidez y calidad.

En las "paredes de la casa" del capital intelectual se hallan el enfoque para la clientela y el enfoque del proceso, que representan el presente de la compañía. Finalmente, la base del edificio, está el enfoque de renovación y desarrollo, mira hacia el futuro y sus indicadores muestran el grado en que la empresa se prepara para el futuro y su eficiencia a la hora de abandonar un pasado obsoleto.

El enfoque humano se sitúa en el centro de la casa, constituye la inteligencia y el alma de la organización, y está en contacto con todas las demás regiones del capital intelectual. El enfoque humano se compone tanto de las competencias y capacidades de los empleados como del compromiso de la empresa por mantenerlas actualizadas.

Bajo la inspiración de este modelo, Skandia ha elaborado y perfeccionado un informe anual de capital intelectual. Para ello ha recopilado información y creó progresivamente indicadores que no sólo fueran capaces de producir información sobre la empresa sino que, además, demostraran la operatividad del modelo. El resultado ha sido la propuesta de un gran número de indicadores, en un principio en número tan elevado que muchos de los mismos pueden ser desestimados por redundantes, poco importantes o difíciles de calcular.

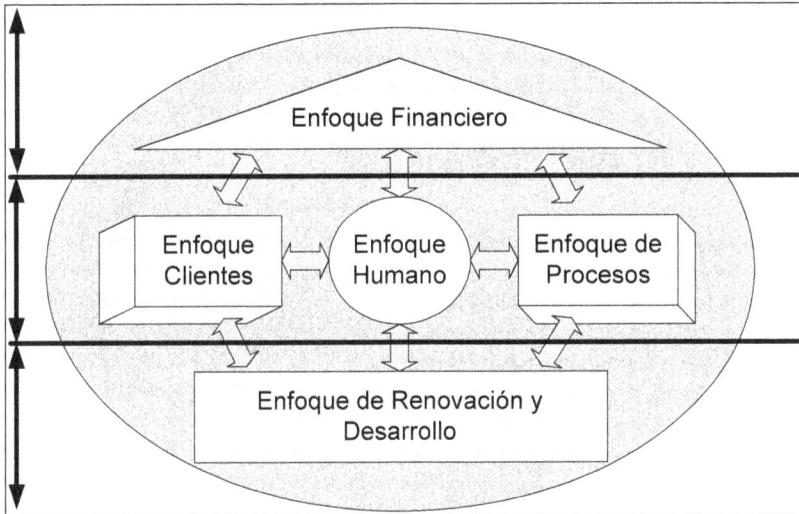

Figura 15 Identificación indicadores y medición de áreas específicas y transversales. Fuente:
Edvinsson y Malone, 1997

Steward [Steward, 1997] define al capital intelectual como material intelectual,
conocimiento, información, propiedad intelectual, experiencia, que puede utilizarse para
crear valor. Es fuerza cerebral colectiva. Es difícil de identificar y aún más de distribuir
eficazmente. Pero quien lo encuentra y lo explota, triunfa. El mismo autor afirma que en la
nueva era, la riqueza es producto del conocimiento. Éste y la información se han
convertido en las materias primas fundamentales de la economía y sus productos más
importantes. Y lo divide en tres bloques: Capital humano, estructural y cliente

Para nuestra tesis acuñaremos una definición asentada en las bases de los autores
anteriores, donde el capital intelectual son todos los activos centrados en el individuo
(educación, moral, entre otros), en la propiedad intelectual (investigación, desarrollo,
patentes, marcas, mejores prácticas) y en la plataforma (procesos, metodologías,
tecnología que ayuda a funcionar y lograr las metas de una organización) que guardan
una relación con los activos del mercado (potencial que se da por los valores intangibles).

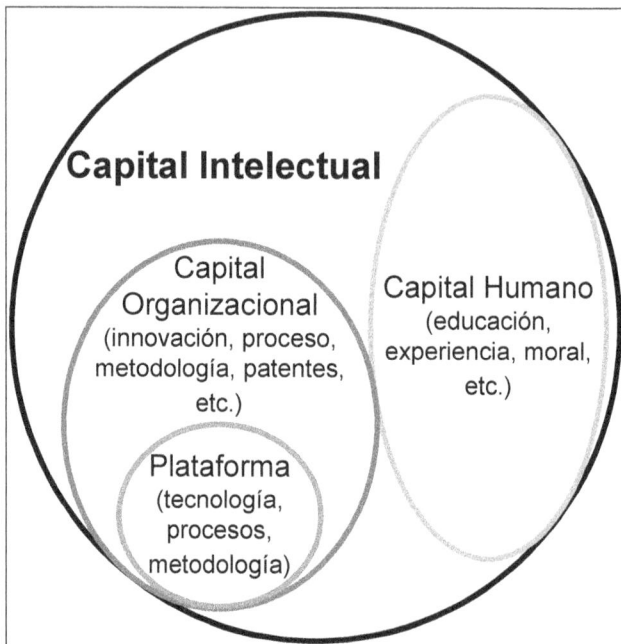

Figura 16 Capital Intelectual desde la teoría de conjuntos. Adaptación propia, fuente Steward

Según Steward (1997) existen diez principios para la administración del capital intelectual:

- Las empresas no son dueñas de los capitales humanos y de cliente; comparten la propiedad del primero con sus colaboradores y del segundo con sus proveedores y clientes. Solo es posible administrarlos y obtener ganancias al reconocer su carácter compartido.
- Para crear capital humano utilizable se debe fomentar el trabajo en equipo, razón por la cual más adelante hablaremos al respecto, las comunidades de práctica y otras formas de aprendizaje social. Se capitaliza el talento difundiéndolo y no individualizándolo.
- Sólo algunos colaboradores representan ventajas por sus destrezas y talentos que son propios en el sentido de que nadie los hace mejor y son estratégicos porque su trabajo crea el valor por el que paga el cliente.
- El capital estructural es el intangible que pertenece a la empresa y debe ser el más fácil de controlar.
- El capital estructural sirve a dos propósitos: reunir "stock" de conocimientos y acelerar el flujo de información dentro de la empresa.
- La información y conocimiento pueden y deben reemplazar a los bienes físicos y financieros caros mediante la evaluación de gastos en equipo.
- El trabajo intelectual es trabajo a la medida del cliente.
- Identificar la información crucial mediante el análisis de la cadena de valor.

- Concentrarse en el flujo de información en lugar del de los materiales. Antes la información servía de apoyo al negocio, ahora **es** el negocio.

Los tres capitales trabajan en conjunto (capital humano, estructural y cliente)

A partir del 2001, los autores Johan Ross y Göran Ross, [Ross, et al, 2001] proponen definir al capital intelectual como el que incluye todos los activos y trámites que normalmente no están en la hoja de balance, además de todos los intangibles que conforman los métodos de contabilidad modernos como lo son las patentes, marcas registradas, derechos de autor. Con esto inician la denominada segunda generación del capital intelectual. Donde procuran definirla con características tales como:

- Comparar los cambios en el capital intelectual con los cambios del valor de mercados a través del cambio en el valor de las acciones
- Denominar uno o algunos indicadores de capital intelectual al utilizar un índice de capital intelectual.

En esta línea de redefinición/simplificación del modelo se elaborado por los mismos investigadores Göran y Johan Roos para la estructura de un informe general de capital intelectual con 111 indicadores (suprimieron 51 indicadores incluidos inicialmente en el Navegador). El valor de este modelo es que sirve de base para futuras aplicaciones en distintas empresas, si bien la selección de indicadores será siempre relativa y dependiente de las características propias de cada compañía.

A diferencia de la primera generación que proporciona la información de los componentes individuales del capital intelectual.

Un par de autores agruparon este capital en liderazgo, relación y los internos, Jonathan Low y Pam Cohen [Low, Cohen, 2002][16] y los identificaron como los doce intangibles que dirigen los resultados de la organización, mismos que están divididos en:

- Liderazgo
- Ejecución estratégica
- Comunicación y transparencia
- De Relaciones
- Valor de marca
- Reputación
- Redes y alianzas
- Dentro de la organización

---

[16] Cf. Los autores mencionan que la clave es como administrar los intangibles, de tal manera que como los optimizamos damos mayor valor a la compañía, y el reto no es entenderlos, sino usarlos, mantenerlos para ganar esa ventaja invisible. Página 207.

- Tecnología y procesos
- Capital humano
- Organización del centro de trabajo y la cultura
- Innovación
- Capital Intelectual
- Adaptabilidad

2.6.1.1 Capital humano

Es un concepto que se acuño inicialmente por Gary Becker en 1964 [Becker, 1964] lo define como el conjunto de las capacidades productivas que un individuo adquiere por acumulación de conocimientos generales o específicos. La noción de capital expresa la idea de un stock inmaterial que tiene una persona mismo que puede ser acumulado o usarse. Es una opción individual, una inversión. Becker lo calcula como la diferencia entre gastos iniciales: el costo de los gastos de educación y los gastos correspondientes (compra de libros, manutención, entre otros), el costo de productividad, es decir, el salario que recibiría si estuviera inmerso en la vida activa, y sus rentas futuras actualizadas.

De tal manera que el individuo puede hacer una valoración entre trabajar y continuar una formación que le permita, en el futuro, percibir salarios más elevados que los actuales. Se toma en cuenta también el mantenimiento de su capital psíquico (salud, alimentación, entre otros). Optimiza sus capacidades al evitar que no se deprecien demasiado, bien por la desvalorización de sus conocimientos generales y específicos, bien por la degradación de su salud física y moral. Invierte con miras a aumentar su productividad futura y sus rentas.

Sin embargo el capital humano es un término comúnmente usado en ciertas teorías económicas del crecimiento para designar a un hipotético factor de producción dependiente no sólo de la cantidad, sino también de la calidad del grado de formación y productividad de las personas involucradas en un proceso productivo. A partir de ese uso inicialmente técnico, se ha extendido para designar el conjunto de recursos humanos que posee una empresa o institución económica.

La teoría del capital humano distingue dos formas posibles de formación:

- La formación general: Adquirida en el sistema educativo, formativo. Su transferibilidad y su compra al trabajador explica el que esté financiada por este último, ya que puede hacerla valer sobre el conjunto del mercado de trabajo, y
-
- La formación específica. Adquirida en el seno de una unidad de producción o de servicio, permite desarrollar al trabajador su productividad dentro de la organización, pero nada, o bien poco, fuera de ésta.

2.6.1.2 Capital estructural

Dentro de la organización el capital estructural, podemos definirlo como los equipos, programas, bases de datos, estructura organizacional, patentes , marcas de fábrica y todo lo que da forma a la capacidad organizacional que da y sostiene la productividad de los empleados, es decir lo que se queda cuando salen los empleados de la oficina. [Edvinsson, 1994].

2.6.1.3 Los clientes como capital

Se pueden encontrar a los clientes como un capital denominado clientela [Edvinsson, 1994], o como propone Saint–Onge [Saint Onge, 1996] en su modelo del Euroforum, como una categoría separada, sin embargo, incluyo este punto al concordar en que al final todo el valor o capital, llámesele como sea, esta para brindar un servicio y obtener un bien del cliente, y si no se tienen clientes leales no habrá un ciclo de beneficio para la organización.

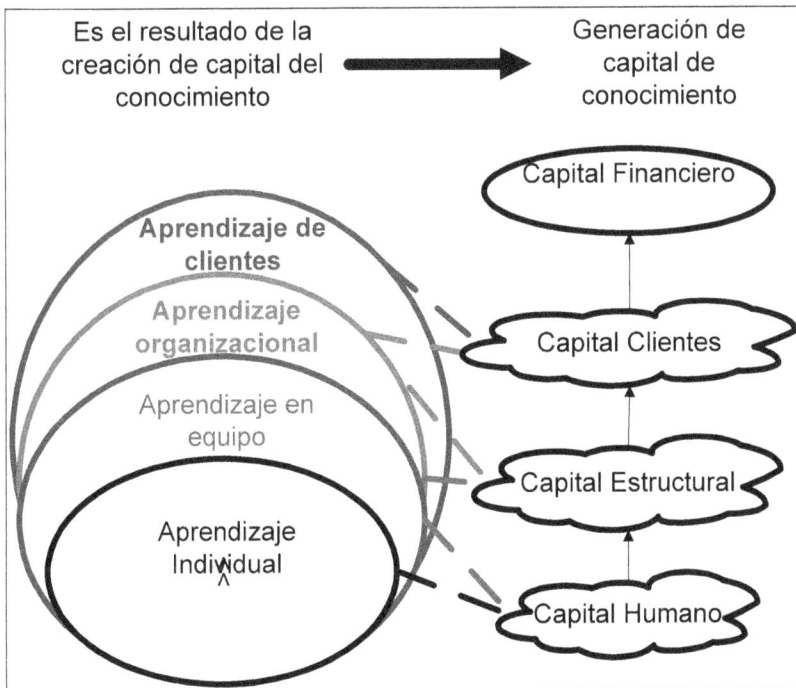

Figura 17 Modelo del Canadian Imperial Bank. Adaptación propia, Fuente: Saint- Onge, 1996.

2.6.2 El cuadro de mando integral de Kaplan y Norton.

El ampliamente conocido cuadro de mando integral ó Balance Scorecard, es un instrumento de administración, que puede ser utilizado también para el capital intelectual, propuesto por Robert Kaplan y David Norton [Kaplan, et al, 1997].

Es un modelo similar al Navegador de Skandia con el propósito de analizar diferentes áreas de las organizaciones. Propone incorporar la estrategia y la misión de la empresa a un conjunto de indicadores y obtener un sistema de medición estratégico.

El cuadro de mando integral, se sustenta en cuatro perspectivas principales, aunque el uso de las mismas no sea de carácter obligatorio y la empresa pueda añadir las que crea necesarias [Kaplan et al, 1997].

- Perspectiva del cliente: Para lograr el desempeño financiero que una empresa desea, es fundamental que posea clientes leales y satisfechos, con ese objetivo en esta perspectiva se miden las relaciones con los clientes y las expectativas que los mismos tienen sobre los negocios. Además, en esta perspectiva se toman en cuenta los principales elementos que generan valor para los clientes, para poder así centrarse en los procesos que para ellos son más importantes y que más los satisfacen.
  El conocimiento de los clientes y de los procesos que más valor generan es muy importante para lograr que el panorama financiero sea próspero. Sin el estudio de las peculiaridades del mercado al que está enfocada la empresa no podrá existir un desarrollo sostenible en la perspectiva financiera, ya que en gran medida el éxito financiero proviene del aumento de las ventas, situación que es el efecto de clientes que repiten sus compras porque prefieren los productos que la empresa desarrolla al tener en cuenta sus preferencias

- Perspectiva financiera: los objetivos financieros son considerados como el resultado de las acciones que se hayan desarrollado en la empresa con anterioridad. De esta manera con el cuadro de mando se plantea que la situación financiera de la empresa no es más que el efecto que se obtiene de las medidas tomadas en las perspectivas anteriores. Los objetivos financieros servirán de enfoque para el resto de los objetivos en las siguientes perspectivas y comienza por los objetivos financieros a largo plazo, luego se desarrollarán una serie de acciones a realizar en los clientes, procesos y aprendizaje.

  Por tanto de los objetivos financieros que se quieran lograr partirán muchas de las decisiones que se tomen en las restantes perspectivas, pero esta solo servirá de enfoque y posteriormente de control de las medidas tomadas. De esta manera sin eliminar la importancia de la actuación financiera, esta pasa a formar parte de un sistema integrado, donde es uno entre otros elementos de importancia, pero no es el único criterio de medida empresarial. La situación financiera además de valorar los activos tangibles e intangibles empresariales será un importante criterio de medida de las acciones que se realizan para la consecución de la estrategia.

- Perspectiva del proceso interno: al tomar en cuenta el mercado al que se enfoca la empresa y la satisfacción de las expectativas de los mismos y de la empresa, se identifican en esta perspectiva los procesos claves de la organización, en los cuales se debe trabajar para lograr que los productos o servicios se ajusten a las necesidades de los clientes, identifica los procesos orientados a cumplir la misión y los procesos de apoyo y establece los objetivos específicos que garanticen esta satisfacción.

- Perspectiva aprendizaje y crecimiento: esta perspectiva que generalmente aparece como cuarta, es el motor impulsor de las anteriores perspectivas del cuadro de mando y refleja los conocimientos y habilidades que la empresa posee tanto para desarrollar sus productos como para cambiar y aprender. En esta perspectiva se debe lograr que el aprendizaje y el crecimiento de la organización tributen a las perspectivas anteriores.

Las competencias del personal, el uso de la tecnología como generador de valor, la disponibilidad de información estratégica que asegure la óptima toma de decisiones y la creación de un clima cultural propio para afianzar las acciones transformadoras del negocio son objetivos que permiten que se alcance los resultados en las tres perspectivas anteriores. Los empleados satisfechos y capaces, desarrollan procesos de gran valor para los clientes, que repiten en sus compras y por tanto generan un aumento en las ventas, situación que repercute favorablemente en la situación financiera empresarial.

2.6.3 Equipos

La cultura organizacional juega un papel preponderante en cualquier tema de administración, mas aun en lo que corresponde a la administración del conocimiento, si se considera que una cultura organizacional es un sistema de significados compartidos por los miembros de una organización, que la distinguen de otras [Robbins, 2004], y a su vez esto incide en los resultados de la empresa. Los grupos de trabajo siempre interactúan para compartir información y tomar decisiones para que cada miembro se desenvuelva en su área de responsabilidad; el siguiente paso es tener los equipos donde los esfuerzos individuales dan por resultado un desempeño que es mayor que la suma de los aportes de cada uno.

Estos puntos de la evolución de grupos a equipos, permiten que las organizaciones tengan un mayor capital intelectual, pero también que compartan el conocimiento y puedan administrarlo. Chris Argyris[17] describe como un equipo aprende más rápido que un grupo

---

[17] Rf. Chris Argyris, Teaching Smart People How to Learn. HBR. May-Jun 1991.

y le da un valor de madurez y de aporte a la empresa que beneficia a todos, para tener una empresa de aprendizaje continuo.

2.6.3.1 Aprendizaje en equipo

Durante muchos años la idea sobre el liderazgo que ha inspirado a las organizaciones ha descansado sobre la capacidad para compartir una imagen del futuro que se procura instaurar. Resulta difícil concebir una organización que haya alcanzado cierta importancia sin que se haya basado en metas, valores y misiones profundamente compartidas en el seno de la organización.

Algunos líderes tienen visiones personales que nunca se traducen en visiones compartidas y estimulantes. Se necesita de una disciplina que traduzca la visión individual en visión compartida. Esta disciplina no es un simple recetario sino un conjunto de principios y prácticas rectoras complejas.

La práctica de la visión compartida supone aptitudes para configurar "visiones del futuro" colaboradas y que propicien un verdadero compromiso y no un mero acatamiento. Cuando esta disciplina se domina, los líderes aprenden que es contraproducente tratar simplemente de imponer una determinada visión, por sincera ésta que sea.

La capacidad de pensar juntos[18] se consigue mediante el dominio e la práctica del diálogo y el debate. Sabemos que los equipos aprenden[19] y hay ejemplos sorprendentes en los que la inteligencia del equipo supera la de sus integrantes y también de equipos que desarrollan aptitudes extraordinarias para la acción coordinada.

La disciplina del aprendizaje en equipo comienza con el diálogo, la capacidad de los miembros del equipo para "abandonar los supuestos" e ingresar en un auténtico "pensamiento conjunto". La disciplina del diálogo también implica aprender a reconocer los patrones de interacción que erosionan el aprendizaje en equipo.

Y es que los patrones de defensa, que están con frecuencia profundamente enraizados en el funcionamiento de un equipo, cuando no son detectados, atentan contra el aprendizaje. En cambio, si se detectan y se les hace aflorar creativamente, pueden acelerar el mismo.
El aprendizaje en equipo es vital porque la unidad fundamental de aprendizaje en las organizaciones modernas no es el individuo sino el equipo y, si los equipos no aprenden, la organización no puede aprender.

---

[18] Cf. Si los equipos no aprenden, la organización no puede aprender. CIDEC (Centro de Investigación y Documentación sobre problemas de la Economía, el Empleo y las Cualificaciones Profesionales) 2004.
[19] Rf. La disciplina del aprendizaje en equipo comienza con el diálogo, la capacidad de los miembros del equipo para "abandonar los supuestos" e ingresar en un auténtico "pensamiento conjunto". CIDEC. 2004

2.6.3.2 Definición de equipos

Un equipo, es un grupo de personas que hacen esfuerzos individuales para obtener un desempeño colectivo, con una sinergia positiva con responsabilidad individual y mutua, con habilidades complementarias, cuyo resultado es mayor a la suma de los aportes individuales. [Robbins, 2004].

Existen diferentes tipos de equipos según la evolución que tengan en su camino y de la habilidad o capacidad de empoderamiento que tengan.

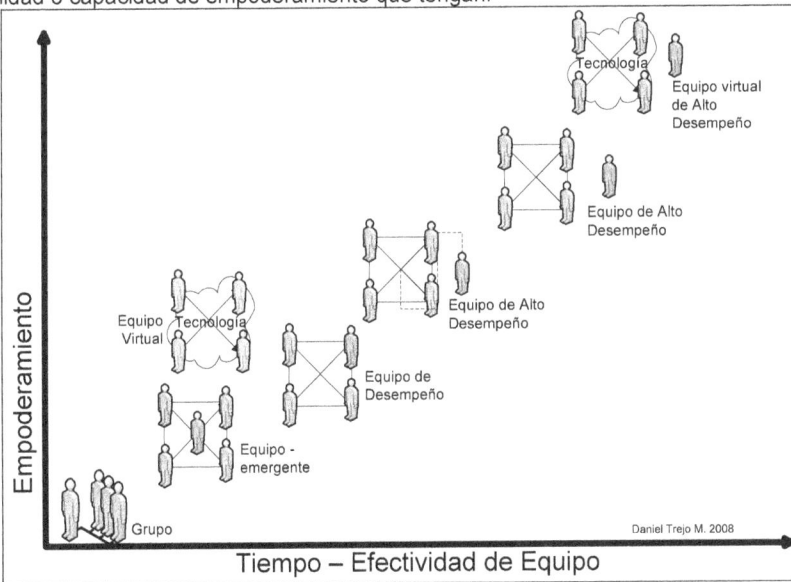

Figura 18 Evolución de Grupos y Equipos. Fuente: elaboración propia.

Si bien los equipos no necesariamente siguen una evolución normal o lineal, si tienen una evolución conforme la madurez de sus integrantes y la madurez de la cultura organizacional con la que se cuente.

Un equipo puede pasar a cualquier nivel en base al empoderamiento que le asigne la organización y del nivel de experiencia en su ámbito que aporte cada miembro, en el particular tema de administración del conocimiento este aporta un valor muy grande para permitir la madurez y evolución de los equipos. De hecho, una propuesta para la empresa mexicana es poder lograr tener equipos virtuales que mejoren el aporte de valor de cada elemento sin necesariamente estar presente en la organización, aquí dependemos de varios factores como es la convergencia y calidad de las comunicaciones, la razón y objetivo del colaborador, el nivel de experiencia que aporte pero sobre todo, la madurez que permita focalizarse en su trabajo [Jarvenpaa, 1998].

Este modelo, de equipos virtuales, es ampliamente utilizado en los Estados Unidos de Norteamérica, donde el aporte de conocimiento y experiencia no exige a los miembros de una organización a estar físicamente ubicados en la misma zona. De igual manera en Europa y prácticamente en cualquier empresa global que necesita explotar al máximo los conocimientos de la gente de una manera ubicua.

2.6.3.3 Equipos virtuales

Un equipo virtual es un equipo de trabajo real. Las personas son reales y el trabajo es real. La palabra virtual hace referencia a un espacio de trabajo que, la mayor parte del tiempo, se crea a través de una comunicación que no es cara a cara sino por correo electrónico, mensajes de voz, teléfono, soporte informático del grupo o videoconferencia.

La mayoría de estos equipos incorporan algún nivel de interacción personal. Muchos celebran conjuntamente una primera reunión general para luego reunirse sólo en momentos clave durante el desarrollo de un proyecto.

En nuestro tiempo, los equipos virtuales han permitido que las corporaciones ofrezcan servicios a nivel global. Gracias a ellos, una compañía puede permanecer abierta las 24 horas del día, y responder a las demandas de un cliente al cabo de unas horas. A menudo, son más dinámicos y fluidos que aquellos que comparten el mismo espacio físico.

Sin embargo, para obtener un máximo rendimiento de los equipos virtuales, es necesario tener en cuenta una serie de desafíos específicos que provienen de la diversidad de sus integrantes y del hecho que los miembros no estén físicamente juntos (e incluso tal vez no se encuentren en la misma zona horaria), de su compromiso con el equipo y de su madurez profesional y personal.

Su entorno inmediato y otros compromisos pueden exigir su atención. Sus prioridades personales son muy distintas. Y aún así han de compartir el espacio, y a menudo, el tiempo para formar un equipo.

Los beneficios de los equipos virtuales de trabajo son verdaderamente impactantes:

- Los equipos se estructuran por sus habilidades y no por su ubicación: La gente puede trabajar a cualquier hora y en cualquier lugar.
- La productividad aumenta: El día mundial de trabajo es de 24 horas y no de 8
- La gente gasta menos tiempo trasladándose al trabajo o en las rutinas de las oficinas.
- Los trabajadores cuentan con más flexibilidad, lo cual puede traducirse en más responsabilidad y creatividad.
- Las empresas pueden reducir importantes costos operativos.

Ya hace más de una década en la revista Business Week se señalaba que el 50% del personal de Sun Microsystems podía trabajar fuera de sus oficinas, lo que se tradujo en ahorros de costos inmobiliarios de más de 300 millones de dólares al año[20].

Sin embargo, la tecnología más avanzada no hace que la gente sea más productiva mientras trabaja, ni que la gente comparta sus conocimientos y experiencias, o que la gente se comunique más.

Esta es una razón más por la cual la administración de conocimiento aporta un valor increíble a las empresas.

2.6.3.4 Equipos de alto desempeño

Un equipo de alto desempeño tiene características claras y claves como lo es la sinergia, que están diseñados para aprovechar el talento reunido con diversos puntos de vista, experiencias, criterios y capacidades, junto con la información necesaria para resolver cuestiones de negocios [Ammeter, 2002].

Típicamente, un equipo de alto desempeño se forma por una razón específica, y los miembros a menudo son considerados como los mejores y más brillantes para producir resultados extraordinarios. Los equipos de alto desempeño abordan cuestiones complejas que tienen el potencial de producir un impacto positivo significativo en la organización.

Uno de los principales retos para México, particularmente de las pequeñas y medianas empresas (PYMES), es la formación de equipos de trabajo de alto desempeño. La creación de equipos de alto desempeño no es un tema mítico, sin embargo no es fácil encontrarse con este tipo de equipos frecuentemente. Para que se pueda construir un equipo de alto desempeño se debe crear un ambiente de confianza, liderazgo, buena comunicación, un claro entendimiento del objetivo a lograr y la participación de cada miembro y procurar aprovechar al máximo sus fortalezas.

En México más del 90 % de las empresas cae en la categoría de las PYMES[21], y es importante reconocer que no todas ellas tienen programas enfocados al desarrollo de habilidades gerenciales por sus dueños, directivos y gerentes. En una nueva era de conocimiento y cambios rápidos, aquellas compañías que logren desarrollar sistemas de liderazgo a través de los cuales los equipos de alto desempeño, puedan potenciar sus competencias principales y se entienda que la alineación estratégica de sus diferentes áreas es un proceso continuo, en el cual los participantes de estos equipos participarán

---

[20] Business Week. Abril 29 de 2006. Artículo de portada "Office of the Future"
[21] Instituto Nacional de Estadística Geografía e Informática. Micro, Pequeña, Mediana y Gran Empresa. Estratificación de los Establecimientos. Censo Económico 2004

activamente en la negociación, discusión y replanteamiento de las estrategias con el fin de siempre mantener óptimos niveles de ejecución.

Aquellas compañías que logren crear mecanismos como el descrito anteriormente lograrán una verdadera ventaja competitiva. Para ello la administración del conocimiento, de nuevo, juega un papel muy importante.

Para construir equipos de alto desempeño las empresas deberán crear mecanismos para apoyar en la cultura y forma de vida de los empleados una nueva visión a este respecto, de nuevo el capital intelectual será preponderante en su sustentabilidad y el uso de la administración del conocimiento les procura una herramienta de aporte de valor inmejorable.

Los equipos de alto desempeño no necesariamente trabajan más, ni son más inteligentes que los demás, su principal diferencia consiste en que pueden organizarse para trabajar y entregar resultados excepcionales dadas la suma de sus fortalezas y organización interna, podría definirlo como "es la colaboración, experiencia, madurez y confianza lo que genera un ciclo virtuoso de generación la inteligencia, un paso más allá del conocimiento y de los equipos de alto desempeño".

2.7 Modelo de Nonaka y Takeuchi

El proceso de creación del conocimiento para Nonaka y Takeuchi (1995) es a través de un modelo de generación mediante dos espirales de contenido epistemológico y ontológico.

Es un proceso de interacción entre conocimiento tácito y explícito que tiene naturaleza dinámica y continua. Se constituye en una espiral permanente de transformación ontológica interna de conocimiento, desarrollada al seguir cuatro fases:

- La socialización, es el proceso de adquirir conocimiento tácito a través de compartir experiencias por medio de exposiciones orales, documentos, manuales y tradiciones y que añade el conocimiento novedoso a la base colectiva que posee la organización;

- La exteriorización, es el proceso de convertir conocimiento tácito en conceptos explícitos que supone hacer tangible mediante el uso de metáforas conocimiento de por sí difícil de comunicar, integrándolo en la cultura de la organización; es la actividad esencial en la creación del conocimiento;

- La combinación, es el proceso de crear conocimiento explícito al reunir conocimiento explícito proveniente de cierto número de fuentes, mediante el intercambio de conversaciones telefónicas, reuniones, correos, entre otros, y se puede categorizar, confrontar y clasificar para formas bases de datos para producir conocimiento explícito.

- La interiorización, es un proceso de incorporación de conocimiento explícito en conocimiento tácito, que analiza las experiencias adquiridas en la puesta en práctica de los nuevos conocimientos y que se incorpora en las bases de conocimiento tácito de los miembros de la organización en la forma de modelos mentales compartidos o prácticas de trabajo.

Para Nonaka y Takeuchi, lo expresado por Peter Drucker en el sentido de que, la esencia de la dirección es, el cómo se puede aplicar de la mejor manera un conocimiento existente, para poder crear otro conocimiento nuevo o reciclado, lo cual es justificado ya que sus estudios con y para compañías japonesas respaldan el proceso de creación del conocimiento que ambos autores han sostenido. Este modelo también es conocido como modelo SECI (socialización exteriorización, combinación, interiorización).

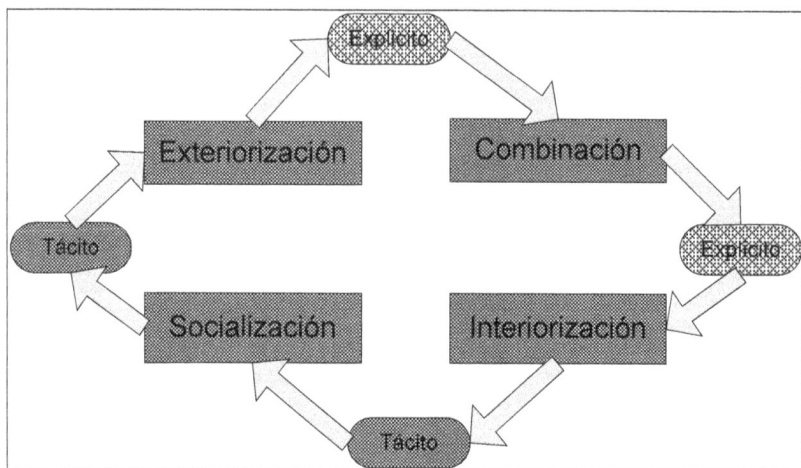

Figura 19 Proceso de conversión del conocimiento en la organización. Fuente Nonaka

Los cuatro procesos de conversión del conocimiento son los siguientes:

- Tácito a tácito (socialización). Los individuos adquieren nuevos conocimientos directamente de otros.
- Tácito a explícito (exteriorización). El conocimiento se articula de una manera tangible, a través del diálogo, plasmándose en esquemas, fórmulas y métodos.
- Explícito a explícito (combinación). Se combinan diferentes formas de conocimiento explícito mediante documentos o bases de datos.
- Explícito a tácito (interiorización). Los individuos interiorizan el conocimiento de los documentos en su propia experiencia.

El resultado del estudio de la experiencia de empresas japonesas que han sido objeto de análisis por Nonaka, sugiere que el proceso de gestión que mejor encaja en la creación de conocimiento organizacional es sustancialmente diferente en dos modelos de gestión predominantes: el modelo top-down (de arriba hacia abajo) y el modelo bottom-up (de abajo hacia arriba).

A continuación, y en primer lugar, se examinan estos dos modelos para pasar a presentar después el modelo middle-up-down (medio arriba-abajo) que, al integrar los beneficios propios de los anteriores, promueve la creación de conocimiento (Nonaka).

El siguiente cuadro sintetiza las principales características de estos tres modelos de gestión.

		TOP-DOWN	BOTTOM-UP	MIDDLE-UP-DOWN
Quién	Agente de creación de conocimiento	Dirección	Individuo emprendedor	Equipo (con los mandos intermedios como ingenieros del conocimiento
	Papel de la dirección	Comandantes	Patrocinador, mentor	Catalizador
	Papel de los mandos intermedios	Procesadores de Información	Emprendedores autónomos	Jefe de equipo
Qué	Conocimiento acumulado	Explícito	Tácito	Explícito y tácito
	Conversión del conocimiento	conversión parcial basada en la asociación y la interiorización	conversión parcial basada en la socialización y la exteriorización	espiral de conversión a través de la socialización, la exteriorización, la asociación y la interiorización
Dónde	Almacén del conocimiento	Bases de datos informáticas, manuales, entre otros	enmarcado en los individuos	base de conocimiento organizacional
Cómo	Organización	Jerárquica	por proyectos	Jerárquica y equipos específicos: hipertexto
	Comunicación	Ordenes e instrucciones	Principio de auto organización	Diálogo y uso de metáforas y analogías
	Tolerancia hacia la ambigüedad	El caos y la fluctuación no nos permitidos	Caos y fluctuación permitidos	Crea y amplía la fluctuación y el caos
	Debilidades	Alta dependencia de la dirección	Costo de coordinación de individuos	Costo de la redundancia y capital humano

Tabla 4 Modelos de administración del conocimiento. Adaptación propia de fuente Nonaka

2.7.1 El modelo top-down

El modelo top-down es, básicamente, el típico modelo jerárquico en el cual la creación de conocimiento es sinónimo de procesamiento de información y donde los flujos de información se mueven en un sentido vertical, a lo largo de una estructura piramidal.

En este modelo, una información simple y seleccionada asciende por los distintos niveles de la pirámide organizacional hasta alcanzar el nivel directivo. La dirección empleará esta información para elaborar planes y ordenes que, de nuevo, desciendan a través de los distintos eslabones jerárquicos. Es un modelo basado en la división del trabajo, donde la dirección es la máxima responsable en la creación de conceptos y donde la base operativa sería exclusivamente la encargada de implementarlos. Los conceptos creados por los directivos se convierten en las condiciones operacionales de los mandos intermedios quienes, a su vez, tomarán las decisiones pertinentes y elaborarán las directrices prácticas con destino a la base operativa. Los trabajadores de la base operativa serían los encargados de implementar las decisiones de los mandos intermedios.

Los supuesto implícitos en este modelo son, por un lado, que sólo la dirección es capaz de crear conocimiento y, por otro, que sólo el conocimiento explícito es susceptible de ser gestionado.

2.7.2 El modelo bottom-up

El modelo bottom-up, por el contrario, está muy basado en la autonomía. Es un modelo que trabaja bajo una estructura organizativa horizontal a través de la cual fluye la información. En este modelo el conocimiento, en lugar de ser creado y controlado por la dirección, es creado y ampliamente controlado por la base operativa. Asimismo, pocas órdenes son enviadas desde la dirección la cual mayormente asumiría un papel de impulsor de la creatividad en los trabajadores de producción. El conocimiento es creado por estos trabajadores de la base operativa quienes desarrollan sus tareas de una forma aislada e individual. La clave de este modelo de administración radica en la autonomía pero no en la interacción. Determinados individuos, que interactúan escasamente entre sí, crean conocimiento pero no se produce la interacción entre equipos de trabajo, ni entre grupos de individuos.

Los dos supuestos implícitos en este modelo son, por un lado, que el conocimiento es creado por los trabajadores de la base operativa y, por otro, que es el conocimiento tácito el que debe ser administrado.

Nonaka considera tiempo después, que ninguno de estos dos modelos es apropiado para gestionar el conocimiento puesto que ambos resultan parciales.

El modelo top-down resulta apropiado para administrar el conocimiento explícito pero no para controlar y promover el conocimiento tácito. El modelo bottom-up es apropiado para administrar el conocimiento tácito pero su énfasis en la autonomía genera considerables dificultades para que ese conocimiento sea difundido en la empresa.

Ambos modelos abordan, pues, la conversión del conocimiento sólo de una forma parcial. El modelo top-down trabaja la conversión del conocimiento a través de asociación y la interiorización. El modelo bottom-up trabaja la socialización y la exteriorización, que resulta similar.

2.7.3 El modelo middle-up-down

Es el que mejor define el proceso interactivo continuo en el cual el conocimiento es creado. Al expresar de forma sencilla los planteamientos de este modelo, se puede decir que la creación de conocimiento pivotea sobre los mandos intermedios.

Los mandos intermedios, que normalmente actúan como jefes de proyecto, son quienes poseen la clave para la creación de conocimiento puesto que se encuentran en condiciones de abordar un proceso de conversión que involucra tanto a la dirección como a la base operativa. Por lo tanto, el modelo sitúa a los mandos intermedios, al ubicarlos en la intersección de los flujos de información vertical y horizontal de la empresa, en el mismo corazón de la administración del conocimiento.

De este modo, los mandos intermedios se convierten en el eslabón estratégico que une la dirección con la base operativa. Actuarían como puente que une las ideas de la dirección con la realidad cotidiana a la que se enfrenta la base operativa. Mientras el equipo directivo elabora una visión hacia la cual deben dirigirse los esfuerzos de la empresa, los mandos intermedios se encargan de traducir esa visión en conceptos más asequibles y comprensibles para la base operativa. De esta forma se convierten en los verdaderos ingenieros de la creación de conocimiento.

A partir de lo expuesto, esta teoría establece que crear conocimiento requiere la participación de todos los miembros y todos los estamentos de la organización. Y aunque, en principio, el papel clave en el proceso de creación de conocimiento recae sobre los mandos intermedios, todos y cada uno de los miembros de una empresa creadora de conocimiento son creadores de conocimiento. Cada uno de los miembros de la organización posee un rol determinado y unas determinadas responsabilidades. En este sentido, los protagonistas de la creación de conocimiento pueden agruparse en tres categorías:

1. "Oficiales" del conocimiento,
2. "Ingenieros" del conocimiento y
3. "Prácticos" del conocimiento.

Nonaka emplea el término de "tripulación creadora de conocimiento" para referirse a todos los individuos, que, trabajan en una de las tres categorías expuestas, y a través de la interacción dinámica entre las mismas, crean conocimiento en y para la empresa.

Tripulación del conocimiento		
Oficiales del conocimiento	Dirección	Gestionan todo el proceso de creación de conocimiento
Ingenieros del conocimiento	Mandos intermedios	Convierten el conocimiento tácito en explícito y viceversa
		Activan los cuatro modos de conversión del conocimiento
Prácticos del conocimiento	Base operativa	**Operadores:** generan y acumular el conocimiento tácito
		Especialistas: generan y acumulan concimiento explícito

Tabla 5 Tripulación del conocimiento. Fuente: Adaptado de Nonaka.

2.8 Modelo de Arthur Andersen

Este modelo tiene su base en la idea de favorecer la transmisión de la información que sea valiosa para la organización. Este movimiento de la información irá desde los individuos a la organización, y desde allí viajará de vuelta a los individuos otra vez. El objetivo subyacente es crear valor que los clientes puedan ver y reconocer, con el fin de que los ellos apuesten más por la empresa en cuestión [Andersen, 1998].

Las novedades del modelo se refieren a dos aspectos:
- Nivel individual, pues existe una responsabilidad personal para compartir y hacer explícito el conocimiento que uno posee, una obligación ética hacia el resto de los compañeros de la organización;
- Nivel organizativo, ya que la dirección de la empresa debe apostar y liderar un clima que fomente ese nivel individual mencionado.

Desde la perspectiva organizacional, la responsabilidad de crear la infraestructura de soporte para que la perspectiva individual sea efectiva, al crear los procesos, la cultura, la tecnología y los sistemas que permitan capturar, analizar, sintetizar, aplicar, valorar y distribuir el conocimiento es de la organización.

Identifica dos tipos de sistemas necesarios para el propósito fijado:

- Redes compartidas:
  - o Acceso a personas con un propósito común a una comunidad de práctica. Estas comunidades son foros virtuales sobre los temas de mayor interés de un determinado servicio o industria.
  - o Ambiente de aprendizaje compartido
    - Virtuales: datos en línea, bases de discusiones, entre otros
    - Reales: talleres, proyectos, entre otros
- Conocimiento "empaquetado"
  - o A través de un sistema interno llamado "Arthur Andersen Knowledge Space" (Espacio de Conocimiento de Arthur Andersen), que posee documentación diversa (metodologías, experiencias, ejemplos, entre otros) que está a disposición de los integrantes de la empresa

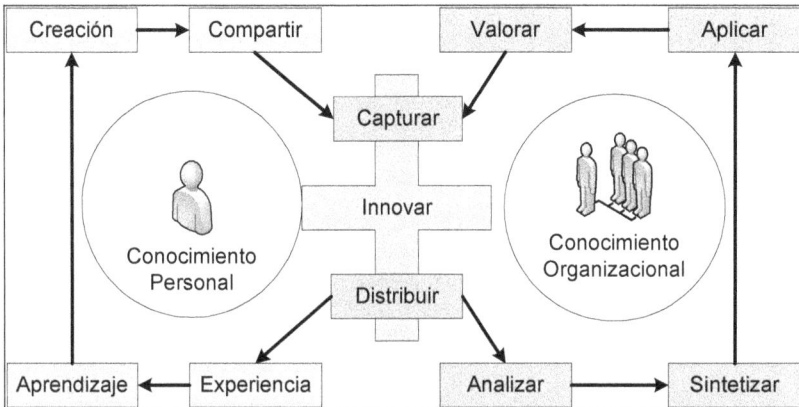

Figura 20 Modelo de administración del conocimiento de Arthur Andersen.
Adaptado de fuente Arthur Andersen (1999)

2.9 Modelo de gestión del conocimiento de KPMG Consulting

Parte de identificar cuáles son los factores condicionantes que intervienen en el aprendizaje, así como del propio resultado y fruto de cualquier aprendizaje que ocurra, esta empresa crea un modelo que explica dos de los factores más importantes al hablar de gestión del conocimiento: los factores condicionantes del aprendizaje, y los resultados esperados del aprendizaje. [Tejedor et al., 1998]

Una de las características esenciales del modelo es la interacción de todos sus elementos, que se presentan como un sistema complejo en el que las influencias se producen en todos los sentidos. [Riesco, 2005]

La estructura organizativa, la cultura, el liderazgo, los mecanismos de aprendizaje, las actitudes de las personas, la capacidad de trabajo en equipo, entre otros, no son independientes, sino que están conectados entre sí.

2.9.1 Los factores condicionantes del aprendizaje.

Los factores que configuran la capacidad de aprender de una empresa han sido estructurados en los tres bloques siguientes, según su naturaleza:

- Compromiso firme y consciente de toda la empresa, en especial de sus líderes, con el aprendizaje generativo, continuo, consciente y a todos los niveles. El primer requisito para el éxito de una iniciativa de gestión del conocimiento es reconocer explícitamente que el aprendizaje es un proceso que debe ser gestionado y comprometerse con todo tipo de recursos.

- Comportamientos y mecanismos de aprendizaje a todos los niveles. La organización como ente no humano sólo puede aprender en la medida en que las personas y equipos que la conforman sean capaces de aprender y deseen hacerlo.

- Disponer de personas y equipos preparados es condición necesaria pero no suficiente para tener una organización capaz de generar y utilizar el conocimiento mejor que las demás. Para lograr que la organización aprenda es necesario desarrollar mecanismos de creación, captación, almacenamiento, transmisión e interpretación del conocimiento, que permitan el aprovechamiento y utilización del aprendizaje que se da en el nivel de las personas y equipos.

Los comportamientos, actitudes, habilidades, herramientas, mecanismos y sistemas de aprendizaje que el modelo considera son:

- La responsabilidad personal sobre el futuro (pro actividad de las personas).
- La habilidad de cuestionar los supuestos (modelos mentales).
- La visión sistémica (ser capaz de analizar las interrelaciones existentes dentro del sistema, entender los problemas de forma no lineal y ver las relaciones causa-efecto a lo largo del tiempo)
- La capacidad de trabajo en equipo.
- Los procesos de elaboración de visiones compartidas
- La capacidad de aprender de la experiencia.
- El desarrollo de la creatividad
- La generación de una memoria organizacional.
- Desarrollo de mecanismos de aprendizaje de los errores.
- Mecanismos de captación de conocimiento exterior
- Desarrollo de mecanismos de transmisión y difusión del conocimiento.

Si se consigue que las personas aprendan, pero no convierten ese conocimiento en activo útil para la organización, no se puede hablar de aprendizaje organizacional.

La empresa inteligente práctica la comunicación a través de diversos mecanismos, tales como reuniones, informes, programas de formación internos, visitas, programas de rotación de puestos, creación de equipos multidisciplinares, entre otros.

Desarrollo de las infraestructuras que condicionan el funcionamiento de la empresa y el comportamiento de las personas y grupos que la integran, para favorecer el aprendizaje y el cambio permanente. Pero no debemos olvidar que las condiciones organizativas pueden actuar como obstáculos al detener el aprendizaje organizacional, las posibilidades de desarrollo personal, de comunicación, de relación con el entorno, de creación, entre otros .

Las características de las organizaciones tradicionales que dificultan el aprendizaje:

- Estructuras burocráticas.
- Liderazgo autoritario y/o paternalista.
- Aislamiento del entorno.
- Autocomplacencia.
- Cultura de ocultación de errores.
- Búsqueda de homogeneidad.
- Orientación a corto plazo.
- Planificación rígida y continuista.
- Individualismo.

En definitiva, la forma de ser de la organización no es neutra y requiere cumplir una serie de condiciones para que las actitudes, comportamiento y procesos de aprendizaje descritos puedan desarrollarse.

El modelo considera los elementos de gestión que afectan directamente a la forma de ser de una organización: cultura, estilo de liderazgo, estrategia, estructura, gestión de las personas y sistemas de información y comunicación.

Una vez analizados los factores que condicionan el aprendizaje, el modelo refleja los resultados que debería producir ese aprendizaje. La capacidad de la empresa para aprender se debe traducir en:

- La posibilidad de evolucionar permanentemente (flexibilidad).
- Una mejora en la calidad de sus resultados.
- La empresa se hace más consciente de su integración en sistemas más amplios y produce una implicación mayor con su entorno y desarrollo.
- El desarrollo de las personas que participan en el futuro de la empresa.

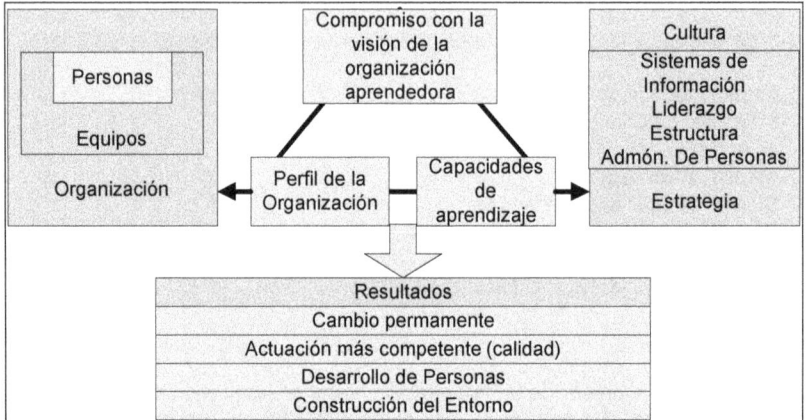

Figura 21 Modelo de administración del conocimiento de KPMG. Fuente: Tejedor y Aguirre (1998).

2.10 Administración operativa del conocimiento

2.10.1 El rol del empleado

La administración del conocimiento puede tomar diferentes formas, de acuerdo a las metas actuales o a los actores involucrados. La mayoría de de los modelos se basan en la administración del conocimiento por y para grupos de empelados (como administración del conocimiento organizacional). Sin embargo, esta puede ser extendida al considerar las actividades que se tomarán a cabo a nivel individual por los empleados [Wissensmanagement Forum, 2003].

	Foco en metas personales	Foco en metas corporativas
Nivel Individual	Administración Del Conocimiento **Personal**	Administración Del Conocimiento **Individual**
Nivel Grupal	Administración Del Conocimiento **Colectivo**	Administración Del Conocimiento **Organizacional**

Figura 22 Actores y metas en la administración del conocimiento. Adaptado de fuente Barth S, The power of one. Knowledge Management

Esto no significa que la administración del conocimiento personal debe ser vista como diametralmente opuesta al foco de la administración del conocimiento en las metas corporativas. Algunas ocasiones los empleados tienen interés de incrementar su negocio para aumentar su valor en el mercado como resultado, donde algunas ocasiones el entrenamiento no está alineado con las metas corporativas. Sin embargo no debiera de ser un impedimento, si hacemos un análisis más detallado podemos ver que las metas corporativas y personales hacen relevante al conocimiento en sus diferencias.

Donde el conocimiento corporativo y el personal se traslapan, no hay conflicto de interés, sin embargo desde el punto de vista de este trabajo no hay fronteras tajantes entre ambos, la cantidad de esfuerzo que una persona pone en su adquisición de conocimiento que es importante para la organización debe ser basada en la motivación indirecta y su principal a nivel personal. De otra manera, el tiempo que utiliza un empleado en adquirir conocimiento para provecho personal dependerá de la autonomía que tenga dada ó que desee dar el empleador. Mayor autonomía suele acelerar la motivación, los empleados motivados son generalmente más productivos, y esto convierte un círculo virtuoso de tener entonces empleados más autonomía, no niego que también una mayor autonomía puede resultar en una reducción de capacidad, pero esto debe estar más que compensado por los beneficios que atrae la motivación.

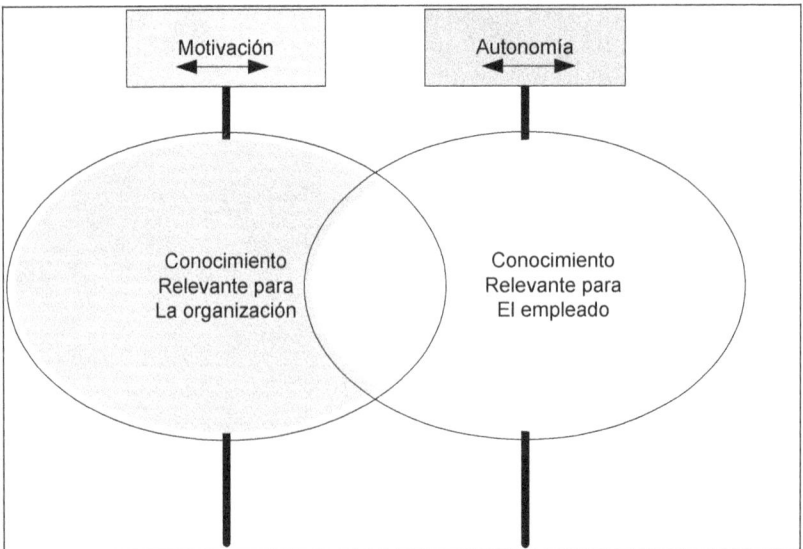

Figura 23 Conocimiento relevante para la organización y el empleado. Fuente: elaboración propia.

2.10.2 La logística del conocimiento

La logística del conocimiento incluye desde los requerimientos, la disponibilidad y la transferencia del mismo. Los requerimientos son el punto inicial de la esfera de influenciamiento del proceso de administración del conocimiento.

Los empleados ó colaboradores de la organización son los poseedores del conocimiento y dan sustento a la base de conocimiento organizacional, lo cual en conjunto es el conocimiento disponible. La transferencia del conocimiento es el proceso que liga los requerimientos de conocimiento con el conocimiento disponible, lo cual puede ocurrir vía humana o mediante herramientas o redes de información, véase el modelo básico de la Figura siguiente

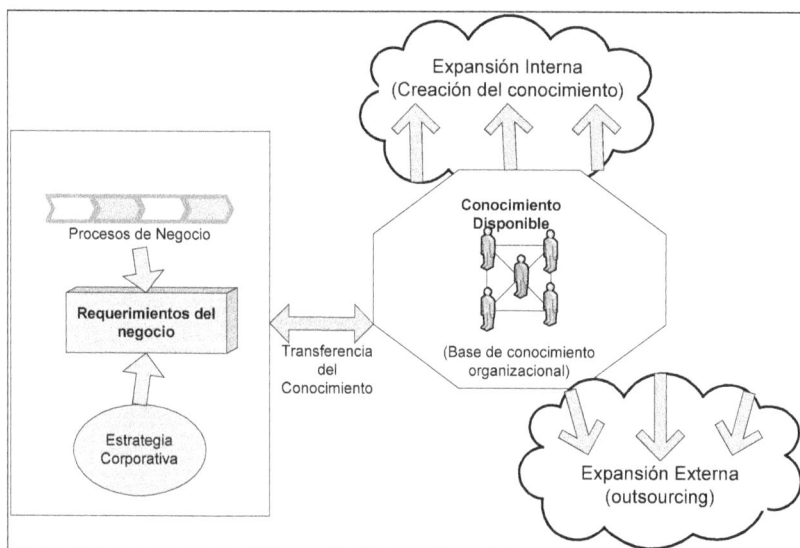

Figura 24 Esfera de influencia del proceso de administración del conocimiento. Fuente: elaboración propia

Para poder habilitar una transferencia de conocimiento efectiva a través de redes humanas, los que buscan el conocimiento y sus proveedores deben tener acceso a métodos asequibles de comunicación (reuniones, "cocheo", sesiones). La comunicación cara a cara es la más eficiente, así como la más costosa y consumidora de tiempo de transferir conocimiento, sin embargo es muy recomendable para casos complejos (investigación y desarrollo, como un ejemplo)[22]

El conocimiento que se transfiere vía redes de comunicación e información para lo buscan mediante accesos a datos almacenados deben tener previamente un contexto o dominio de conocimiento, aquí existen amplios ejemplos y nuevas redes sociales como los son los wikis, blogs y demás tecnologías del web 2.0[23] o colaborativo.

---

[22] Tomado Von Krogh lo menciona en su libro de Enabling knowledge creation.PP 180.
[23] El término Web 2.0 fue acuñado por Tim O'Reilly en el 2004 para referirse a una segunda generación de Web basada en comunidades de usuarios y una gama especial de servicios, como las redes sociales, los blogs, los wikis o las folksonomías, que fomentan la colaboración y el intercambio ágil de información entre los usuarios. El concepto original de la web (en este contexto, llamada Web 1.0) era páginas estáticas HTML

que no eran actualizadas frecuentemente. El éxito de las punto-com dependía de webs más dinámicas (a veces llamadas Web 1.5) donde los sistemas de gestión de contenido enviaban páginas HTML dinámicas creadas en el momento desde base de datos. Los propulsores de la Web 2.0 creen que el uso de la web está orientado a la interacción y redes sociales, que pueden servir contenido que explota los efectos de las redes creando o no webs interactivas y visuales. Es decir, los sitios Web 2.0 actúan más como puntos de encuentro, o webs dependientes de usuarios, que como webs tradicionales. Léase Wikinomics de Don Tapscott.

Buscador de Conocimiento

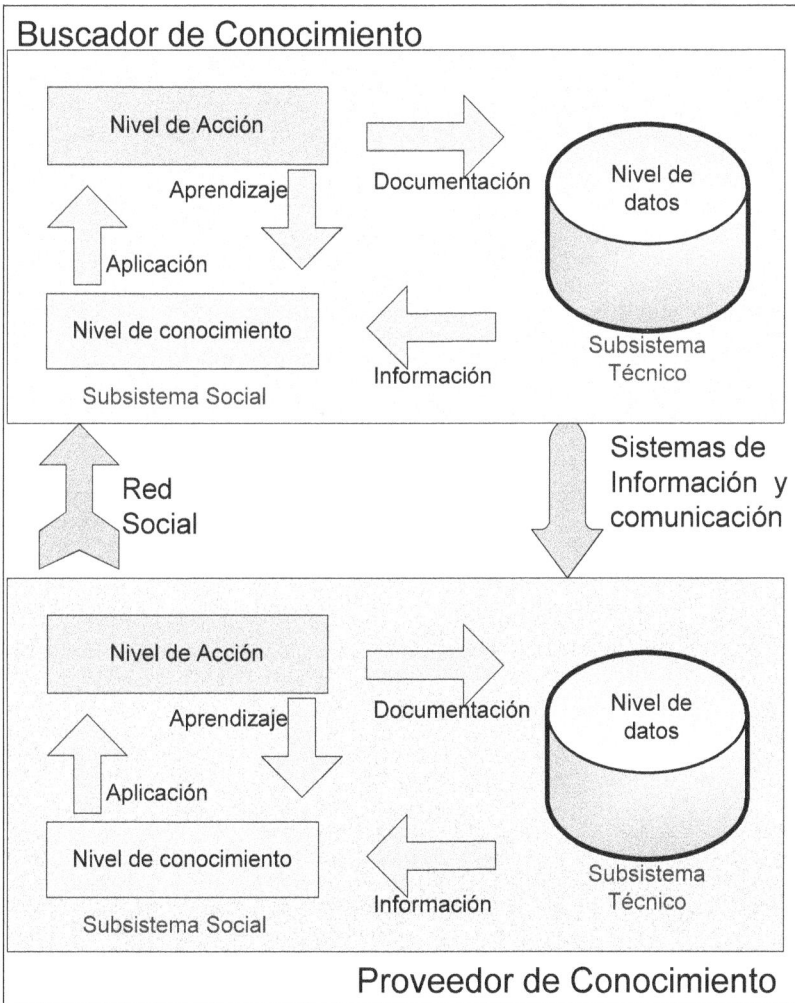

Figura 25 Transferencia de conocimiento entre buscadores y proveedores de conocimiento. Fuente Wissensmanagement Forum 2003

Proveedor de Conocimiento

2.10.3   Integración a los proyectos

Cuando una organización no puede alcanzar sus requerimientos de conocimiento al ocupar sus propias fuentes disponibles, entonces debe de desarrollarlas ó adquirir fuentes externas.

Las competencias básicas de una organización son las bases para su éxito en el mercado y son generalmente, según Gary Hamel [Hamel, 1999], mas perecederas que sus mismos productos o servicios. Estas competencias clave son resultado de la interacción entre los grupos de expertos y poseedores del conocimiento en diferentes campos, que a su vez determina los productos y servicios clave de la organización, al combinar el conocimiento corporativo y otras fuentes.

Las principales causas de buscar un conocimiento por fuera al querer innovar procesos internos son, la falta de tiempo o expertos en el dominio a aplicar y cuando no aporta valor el desarrollar el conocimiento desde dentro [de Bono, 1990].

Luego entonces una organización desarrolla sus competencias clave al combinar las fuentes internas y externas en un conocimiento en particular, y la habilidad de expandir la base de conocimiento es por un lado la creación de conocimiento y por otro al incluir fuentes externas que permitan y determinen a la organización a innovar.

Cuando ya tenemos una base de conocimiento podemos entonces integrarla a solucionar proyectos, sin importar la complejidad de la tarea, mientras más complejo sea el problema más complicado será el sistema de requerimientos del proyecto y del conocimiento.

Para poder integrar la administración del conocimiento a la instrumentación de procesos y proyectos tiene tres fases básicas [Schindler, 2003]:

El primero es establecer un sistema de conocimiento eficiente para el proyecto, el segundo es transferir el conocimiento entre proyectos, lo cual impulsa a reutilizar el conocimiento y evitar reinventar el hilo negro, siempre deben incluirse metas de conocimiento en cada fase. La tercera es la transferencia de experiencia entre proyectos de manera sistemática.

2.10.4   Transferencia de la experiencia

La experiencia se transfiere principalmente a dos niveles vía la personalización y vía la codificación, y aplicará siempre a los niveles individuales, de equipo y organizacional. No se puede transferir la experiencia solo con comunicación y documentación de procesos. Y he aquí un punto clave, ya que el conocimiento vivencial o experimental solo se puede crear a través de procesos de aprendizaje experimental y no sobre transferencia de procesos.

El transferir la experiencia aportara a empleados individuales un amplio espectro de opciones de toma de decisiones con posibles implicaciones al negocio, se procura evitar el prueba y error.

Por un lado debe generarse una estrategia de codificación, y procurar siempre documentar las partes de conocimiento que puede hacerse explicito, es decir, escribirse y después compartirlo para su reutilización preferentemente masiva. Hay que evitar terminología compleja, documentar conocimiento que puede volverse obsoleto muy rápido. Aquí la meta es que otros colaboradores puedan encontrar situaciones similares y aplicar esta documentación vivencial, sin tener un contacto necesario con el experto.

Por el otro debe definirse una estrategia de personalización, la intención debe ser impulsar la transferencia de conocimiento tácito a través de comunicación directa y observación mutua, para lo cual la organización debe poder identificar qué experiencia tiene cada colaborador e impulsar a actualizar ese conocimiento, adaptarlo a la situación, esto generará innovación inmediata al transferirlo, hay que evitar el hacer complicada la búsqueda de los especialistas o personas correctas y cuidar la aversión personal.

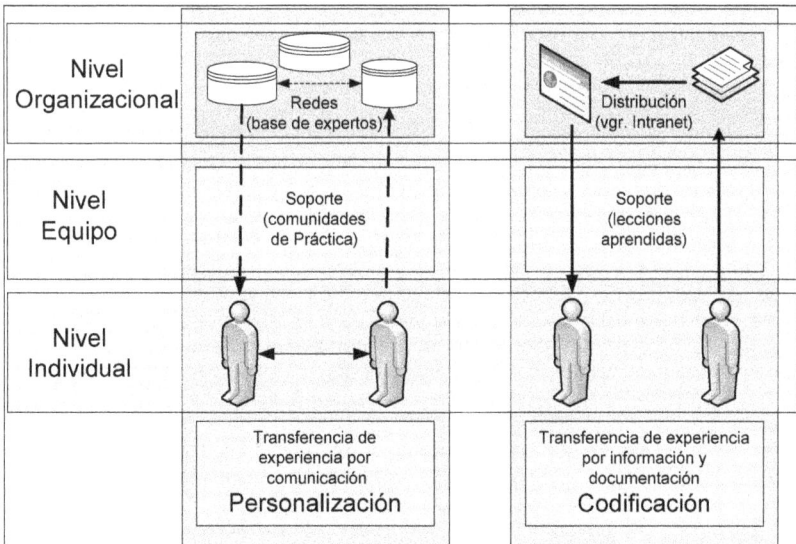

Figura 26 Transferencia de la experiencia por personalización y codificación. Fuente adaptado de Fuente Wissensmanagement Forum 2003

A nivel codificación es importante documentar las lecciones aprendidas en base a las experiencias positivas y las sugerencias para mejorar los proyectos, una vez terminado el proyecto. Existen distintos métodos, sugerimos que al menos entre todos los participantes del proyecto contesten las preguntas siguientes y se documenten, en un día, lo más claro posible:

- ¿Qué haría personalmente diferente en el siguiente proyecto?
- ¿Qué podemos mejorar?
- ¿Qué debe hacer la organización diferente en el siguiente proyecto?
- ¿Qué fue hecho bien en el proyecto?
- ¿Qué cooperación externa mejoro el proyecto?

De la misma manera debe tener al menos una introducción breve al proyecto, las respuestas deben ser tipo lluvia de ideas, preferentemente debemos agrupar esas ideas en clusters y después analizarlas y discutirlas, para finalmente plasmarlo en un documento[24].

2.10.5   Administración del cambio

El hecho de incluir este tema es, para asentar, que la administración del conocimiento generalmente implicará una administración del cambio, sin bien este es tema de una investigación independiente y profunda, se darán algunas definiciones que son importantes conocer por alguien que está por instrumentar una administración del conocimiento.

Estas teorías se desarrollan en los años 60 en los Estados Unidos como resultado de diversos factores complejos entre los que destacan el carácter limitado del pensamiento prevaleciente en cuanto a la interpretación de diferentes factores situacionales.

Para que el cambio sea sostenible y prevalezca debemos involucrar la participación de las personas en las que el cambio las afectara. Preguntarle sus opiniones, hacer que ellos/ellas sean parte de las soluciones o ideas para la implementación del cambio. Las personas no desean ver que sus ideas y soluciones a los problemas fallen, es parte de la naturaleza humana de trabajar duro para que sus propias ideas y soluciones tengan éxito.

La resistencia al cambio puede provenir de la falta de participación de la gente en la toma de decisiones y la falta de comprensión de como el cambio los afectara a ellos. La gente tiene miedo al cambio, y el miedo es un componente importante de la resistencia al cambio.

---

[24] El proceso está basado en el libro de Davenport: working knowledge how organizations manage what they know y de su alineación con lo aportado por Peter Senge en su libro de la Quinta disciplina, capitulo III tema 12.

2.10.5.1   ¿Qué es el cambio?

El cambio es la transformación de un estado anterior hasta su estado posterior, que le sucede.

2.10.5.2   ¿Qué es el cambio organizacional?

De acuerdo con John Kotter [Kotter, et al, 2006], es la capacidad de adaptación de las organizaciones a las diferentes transformaciones que sufra el medio ambiente interno o externo, mediante el aprendizaje y/o el conjunto de variaciones de orden estructural que sufren las organizaciones y que se traducen en un nuevo comportamiento organizacional.

Generalmente los cambios se originan por la interacción de fuerzas, estas se clasifican en dos:

- **Internas**: Aquellas que provienen de dentro de la organización, surgen del análisis del comportamiento organizacional y se presentan como alternativas de solución, y representan condiciones de equilibrio, que crean la necesidad de cambio de orden estructural; por ejemplo cambio de cuestiones tecnológicas, cambio de estrategias metodológicas, cambios de directivas, entre otras.

- **Externas**: Aquellas que provienen de afuera de la organización, impulsa la necesidad de cambios de orden interno, son muestras de esta fuerza: Los decretos gubernamentales, la competencia más agresiva, el cambio ambiental, las normas de calidad, limitaciones en el ambiente tanto físico como económico.

2.10.5.3   El modelo de cambio de Kurt Lewin

Lewin[25] define el cambio como una modificación de fuerzas que mantienen estable un sistema. Existen fuerzas que facilitan el cambio y que llama impulsoras y fuerzas que se resisten al cambio y que llama restrictivas, cuando ambas fuerzas están niveladas existe un equilibrio cuasi estacionario.

Dado que el cambio no es sencillo y no todas las empresas o personas dispuestas a realizar esfuerzos en este sentido y, aun que estén dispuestas es muy fácil volver a los antiguos padrones de funcionamiento. Kurt Lewin estructuro un proceso en la tentativa de

---

[25] Kurt Lewin. Psicólogo Alemán. 1890-1947. es reconocido como el fundador de la Psicología Social moderna.

tomar un cambio efectivo y duradero. Básicamente, la idea es de descongelar valores antiguos, cambiar y, re congelar estos nuevos valores.

Descongelar: Implica tornar tan obvia la necesidad de cambio a punto del individuo, del grupo o de la organización poder fácilmente verla y aceptarla.

Cambio o movimiento: Implica un agente de cambio entrenando, que liderará a los individuos, los grupos o toda la organización durante el proceso. En el proceso de esta dinámica, el agente   alimentará   los nuevos valores, aptitudes y comportamientos a través de los procesos de identificación e internalización. Los miembros de la organización irán a identificarse con los valores, aptitudes y comportamientos del agente.

Re-congelar: Significa transformar en regla general un nuevo padrón de comportamiento, y usa para ello, mecanismos de apoyo o refuerzo, de modo que se torne una nueva norma.

El cambio es un fenómeno conceptualmente simple en que intervienen dos conceptos bien identificados: una situación inicial de la que queremos salir y una situación objetivo que juzgamos como relativamente ventajosa. El tercer concepto, más difuso, mucho más difícil de calificar y de operar, es el de la transición.

2.10.5.4   Resiliencia

En lo humano se refiere a las actitudes sociales y resolutivas de problemas, sumados al sentimiento de tener algún tipo de control sobre la propia vida. Autoestima y concepción positiva de uno mismo.

La resiliencia es la capacidad de una persona o grupo para seguir proyectándose en el futuro a pesar de acontecimientos desestabilizadores, de condiciones de vida difíciles y de traumas a veces graves.

Este es un tema que debemos aprovechar cuando implementamos una administración del conocimiento

De acuerdo con John Kotter[26], cuando hagamos una instrumentación de la administración del conocimiento, durante el cambio no olvidemos de tener en mente estos puntos:

- Establecer un sentido de urgencia lo suficientemente alto.
- Crear una coalición de guía lo suficientemente fuerte.
- Mantener una visión unificada.

---

[26] Asked and Answered by John Kotter, Harvard Business Review 1995

- Comunicar la visión por un factor de 10.
- Remover los obstáculos de la nueva visión.
- Sistemáticamente planear y crear los triunfos de corto plazo.
- No declarar victoria demasiado pronto.
- Anclar los cambios en la cultura de la corporación.

2.11 Aprendizaje en la organización

2.11.1   Aprendizaje experimental

El conocimiento es necesario para el aprendizaje experimental, incluso en un intento aleatorio se debe tener cierto conocimiento procedural, el poseedor del conocimiento y el mismo conocimiento debe ser considerado parte de la situación. La gente desarrolla expectativas de los posibles resultados de las acciones u observaciones.
Al observar una situación y compararla con lo que supuestamente podía ocurrir generará una relevancia que puede ser positiva o negativa, en cualquiera de los casos se habrá dado el conocimiento experimental.

Esto se vuelve o determina en un ciclo donde el conocimiento, la relevancia del mismo, la expectativa y la percepción general una influencia mutua para que se pueda comparar la situación con la acción y se asimile un aprendizaje [Kolb, 1984].

El conocimiento experimental solo puede ser adquirido a través del aprendizaje experimental, el conocimiento es una base necesaria para el aprendizaje experimental, el conocimiento y el poseedor del mismo deben ser considerados parte de la situación por el que cualquier conexión resultante de la situación es descrita como contexto.

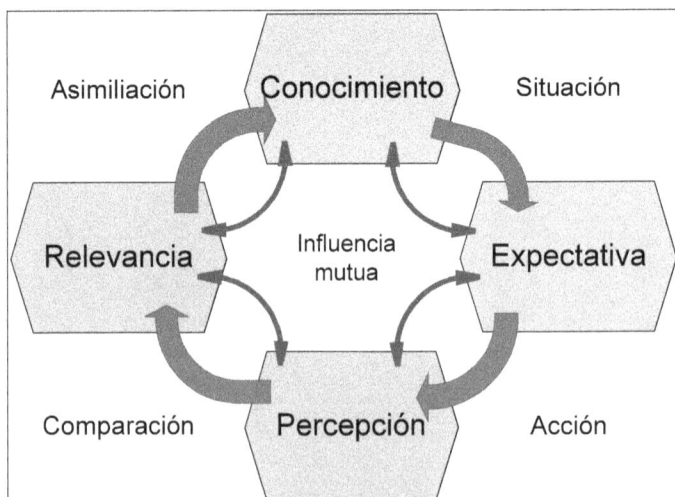

Figura 27 Ciclo del aprendizaje experimental. Fuente: Kolb. Experiental Learning.

Al aplicar el conocimiento existente a una situación la gente desarrolla expectativas sobre que va a obtener o que resultados de cualquier observación de la acción va a resultar. Incluso el asumir que nada sucederá es una expectativa. La acción es solo requerida en el caso de un aprendizaje directo a prueba y error, no hay una acción deliberada que sea requerida para aprender a través de la observación.
La percepción individual es la que da sentido a una situación determinada y a las consecuencias de la acción, una comparación subsecuente de lo percibido y lo esperado determinará ya sea una comprobación o una desviación a lo esperado. Una comprobación confirma ambas expectativas y el conocimiento original.

Cada persona da una relevancia de cualquier suceso (positivo) o falla (negativo), lo cual es un prerrequisito para la adquisición de conocimiento experimental. Cualquier cambió ocurrido al conocimiento existente constituye el final del actual y, el inicio de un nuevo proceso de aprendizaje experimental [Dewey, 1938].

El aprendizaje organizacional puede ser visto de manera análoga al individual, está basado en el proceso de aprendizaje individual e incluye cambios en la estructura organización o en su cultura, de tal manera que se garantice la supervivencia en un ambiente dinámico:

Característica	Humano	Organización
Propósito	Sobrevivir (adaptándose al ecosistema)	Sobrevivir (adaptándose al ecosistema)
Influye con	Acciones	Productos y servicios
A través de	Músculos	Ventas, mercadotecnia, finanzas, entre otros
Sensible a través de	Sentidos	Investigación de mercado, administración de la empresa, servicio
Percepción	Señales	Márgenes, precio, reacciones, quejas, regulaciones, entre otros
Cerebro (sistema cognitivo)	Conocimiento procedural y declarativo	Estructura organizacional y cultura
Métodos de aprendizaje	Aprendizaje declarativo	Cambio cultural y estructural

Tabla 6 Aprendizaje organizacional. Fuente adaptado de Dewey, 1938

2.12 Administración estratégica del conocimiento

2.12.1   En la cultura organizacional

La cultura corporativa asume un rol central en la administración del conocimiento y requiere estar constantemente influenciada por la dirección. La administración estratégica del conocimiento considera todas las metas corporativas y facilita la mejora continua de los procesos de la administración del conocimiento

Recordemos que la cultura organizacional ó corporativa incluye todos los valores, tradiciones, rituales, estándares y creencias que determinan como actúa una persona en la organización. La cultura corporativa es muy importante dado que se convierte en un catalizador para la administración del conocimiento [Schein, 1993].

Un orientación estratégica en la administración del conocimiento no debe asegurar solo que todas las actividades estén alineadas con las metas corporativas, debe apoyar también a que se mejore e institucionalice de manera continua el proceso de administración del conocimiento, para ello es necesario se establezcan y cumplan al menos los siguientes pasos [Schein, 1993]:

*   Definir las metas de la administración del conocimiento
*   Establecer e instrumentar la métrica correspondiente
*   Iniciar el proceso de cambio
*   Revisar continuamente y retroalimentar

Usar la efectividad como un indicador de la relación entre las metas de administración del conocimiento y las metas de diseño determina el intervalo estratégico. Usar la eficiencia como indicador de las relaciones de efecto en los cambios ejecutados nos da el intervalo operativo, véase la siguiente figura.

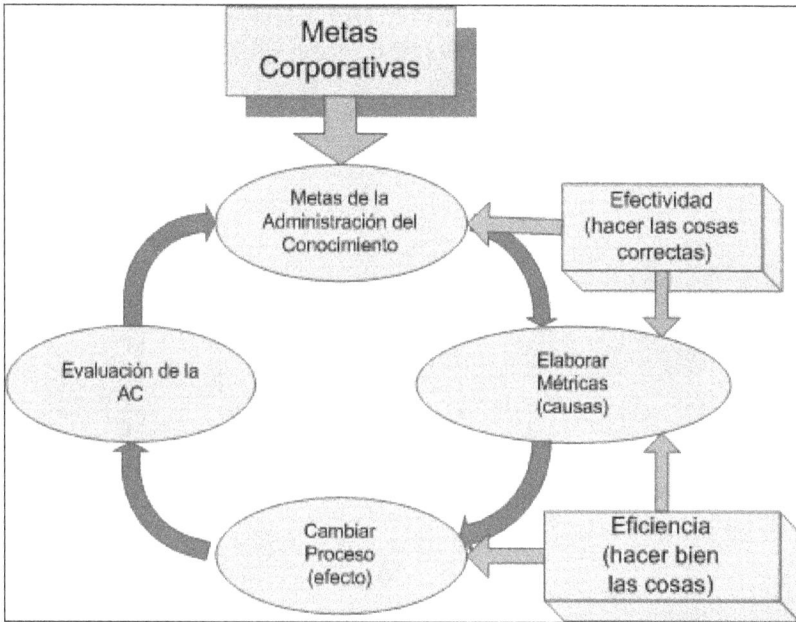

Figura 28 Ciclo de la administración estratégica del conocimiento. Fuente adaptación de Buchanan, Castells.

Dentro de la organización existen diversos dominios, desde dominios individuales de conocimiento hasta redes conformadas por los mismos, un dominio de conocimiento es un sistema social que concierne a sí mismo con un área de interés común [Buchanan, 2002].

Los dominios de conocimiento pueden ser un departamento virtual, o como veíamos anteriormente un equipo virtual, que habilita la creación de conocimiento creativo, donde del punto a cuidar es la comunicación abierta y los medios que faciliten el intercambio mismo [Castells, 2000].

En medios académicos, por ejemplo, pueden ser grupos de investigadores en colaboración con otros institutos, alumnos o empleados. Esta red de conocimiento interno y externo también es conocida como organización de conocimiento en red. Generalmente la responsabilidad de coordinación y decisión recae en la dirección o gerencia, y se sugieren como base dos preguntas:

- Las metas del conocimiento para los dominios individuales de conocimiento, y
- Qué dominio de conocimiento debe desarrollarse internamente[27] y cual externamente.

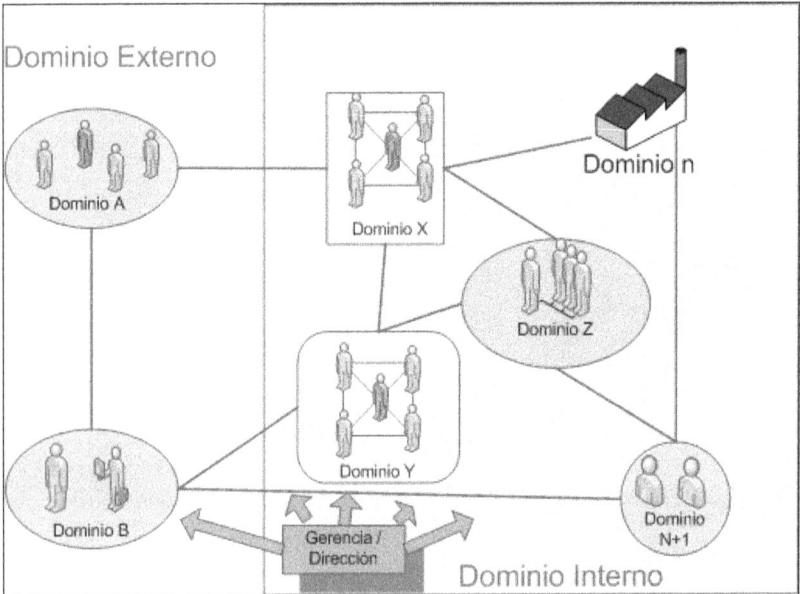

Figura 29 Dominios de conocimiento, organización de conocimiento en red. Fuente adaptación de Fuente Wissensmanagement Forum 2003

---

[27] Los desarrollados internamente deben estar basado en las competencias que genera la empresa, o en inglés, los core competencias.

2.13 Administración del conocimiento e innovación

La innovación significa renovación y cambio, pero en el mundo de los negocios actuales se ha convertido en un medio particular de desarrollar nuevos productos, servicios, procesos y estructuras. El desarrollo y aplicación de nuevos conocimiento enfatiza la liga entre conocimiento e innovación.

En sus libros de Future of Management y Competing for the Future, Gary Hamel, menciona como el papel principal de las organizaciones, y de sus gerentes, será crear un sistema que fomente la creatividad y permita que las personas idóneas en cada tema sean las que tomen las decisiones, es decir pueda crear innovación.

Si como se menciona en el tema anterior, los dominios del conocimiento, al trabajar independientemente o en red, generan y desarrollan las competencias clave de sus organizaciones, estas competencias claves generan a su vez productos clave que permiten atacar un sector de mercado específico y a su vez, mantenerlo como líder o impulsarlo

El mercado actúa como un evaluador de la innovación y de la administración del conocimiento

El ímpetu para innovar puede venir de diferentes fuentes, desde las no planeadas que ocurren en las actividades del día a día de los negocios hasta la innovación planeada que utiliza los recursos que tiene dentro de la compañía en términos de conocimiento.

En la práctica la innovación se puede descomponer en fases tales como el desarrollo, prueba, realización y explotación de ideas. [Porter, 1998].

La fase de desarrollo de ideas se enfoca en aplicar métodos creativos para identificar el potencial creativo, por ejemplo con lluvia de ideas, mismas que son filtradas en la fase de prueba, donde deben validarse que no existan ya por algún derecho de autor. Este nuevo conocimiento puede ser protegido por patentes. Las ideas más prometedoras se pueden desarrollar en la realización ante el mercado al utilizar actividades como administración de proyectos, logística del conocimiento, planeación de negocios y mercadotecnia. Los nuevos productos y servicios obtenidos pueden ser ya explotados. Véase la figura siguiente

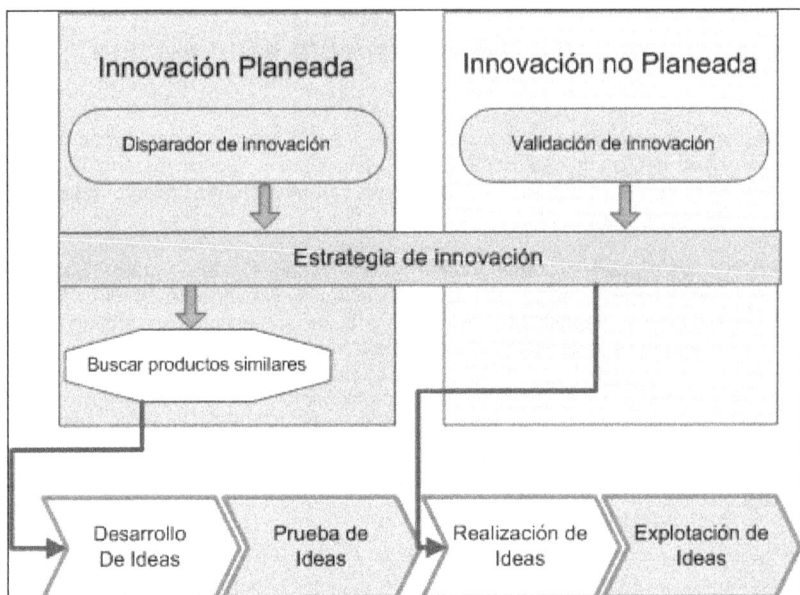

Figura 30 Actividades de Innovación en la organización. Fuente adaptado de Fuente Wissensmanagement Forum 2003.

2.14 Instrumentación de la administración del conocimiento

2.14.1   La evaluación

El propósito de la evaluación de la administración del conocimiento es poder medir los beneficios para la organización en relación   a cualquier actividad relacionada con la administración del conocimiento. Las bases para esta evaluación consisten en cuatro niveles individuales y cuatro perspectivas.

Asimismo se pretende evaluar la cantidad de influencia que tiene la organización para cumplir las metas de los interesados, de esta manera la organización es capaz de poder determinar qué actividad aporta mayor valor y de la misma manera vemos gráficamente los beneficios reales de la administración del conocimiento.

Esta evaluación consiste en siete pasos:

- Identificar las áreas objetivos de análisis para la administración del conocimiento
- Establecer los grupos de interés para las áreas a ser evaluadas y establecer un criterio que permita describir sus expectativas
- Definir la situación ideal de metas, conocimiento procesos y niveles basados en las expectativas de los interesados
- Determinar el factor de influencia de una situación ideal desde el empleado, interacción con la organización, y el ambiente organizacional en los cuatro niveles
- Identificar los impulsores para cada campo de acción
- Priorizar los campos de acción
- Definir métricas

	Humano	Interacción Comunicación	Organización	Ambiente Organizacional
Nivel de Conocimiento	Desarrollo Personal	Habilitar Comunicación	Desarrollo Organizacional	Alianzas Estratégicas
Nivel de Procesos	División de roles Basado en conoc.	Uso sistemático De métodos	Diseño de procesos	Inicio de redes
Nivel de Datos	Agentes inteligentes Sist. De docum.	Servicios de Comunicación	Bases de datos Soluciones de IT	fuentes externas
Nivel de Estrategia	Acuerdos objetivos Evaluación de staff, Juntas	Comunicación de metas, reportes de capital intelectual	Definición de metas corporativas	Reportes de capital intelectual

Figura 31 Posibles campos de acción. Fuente: elaboración propia

2.14.2   Formas de iniciar la administración del conocimiento

Quizá sea obvio pero las dos claves principales para el éxito de la administración del conocimiento son el deseo de las partes involucradas, generalmente los empleados y por otra parte una instalación metodológica a cualquier iniciativa.

En la figura   abajo reproducida se muestras las posibles maneras metodológicas de iniciarlas.

Figura 32 Introducción de la Administración del conocimiento. Adaptado de Nonaka, Takeuchi

El primer cuadrante, la instrumentación hecha de manera metódica, es identificado como la meta deseada, donde cualquier conocimiento fluye entre todos los miembros involucrados. Este tipo de aproximación se concentra en generar, desarrollar, distribuir y evaluar el conocimiento totalmente alineado con la estrategia corporativa.

El segundo cuadrante, dirigido por la gerencia, se enfoca en los objetivos y desarrollo continuo, en la adaptación y aplicación de conocimiento específico en áreas y proyectos pilotos.

El tercer cuadrante, donde nada se quiere realizar, es cuando la gente no desea participar o está interesada.

El cuarto cuadrante es el dirigido por la cultura, está caracterizado por el alto grado de acción voluntaria, más que una aplicación deliberada o metodológica de procesos. Está enfocado en realizar el demostrar la importancia del conocimiento en todos los aspectos del trabajo. En este cuadrante el compartir el conocimiento es mucho más importante que el hecho de crear o desear tener poder o fuerza a través del conocimiento.

Es importante mencionar aquí que, si bien las plataformas tecnológicas serán facilitadoras de la administración del conocimiento, no se debe tomar aun en cuenta en esta etapa, de otra manera las áreas de tecnologías de información serán un distractor.

2.14.3   El ambiente individual de trabajo

Generalmente el éxito del trabajo es medido en términos de la cantidad de cooperación que involucra y del grado de reconocimiento y aceptación que se recibe de otras personas en la organización. Sin embargo en muchos casos la gente no tiene el conocimiento personal necesario para cumplir con los requerimientos de conocimiento que necesita su trabajo; esto significa que deben generar el conocimiento necesario para cumplir las tareas asignadas de manera rápida y eficiente como sea posible.

En una situación ideal, cada empleado de una organización debería conocer las actividades y tareas de otros miembros en los cuales se encuentre involucrado, y de esa manera alinear sus actividades con la de los otros para cumplir las metas corporativas, pero a manera que la organización es mayor con más gente se involucra, según el autor von Foster, el máximo número de personas con las cuales otra es capaz de cooperar directamente es de cinco a nueve.

Desde la perspectiva de la administración de conocimiento individual, esto hace más relevante que cada uno identifique su ambiente de trabajo relevante.

Como ya comentábamos la administración del conocimiento puede ser instrumentada por razones históricas ó planear para el futuro ó como una decisión estratégica, sea cual fuera la razón, cada uno de los involucrados debe estar informado antes de definir los pasos a seguir, y deben ser definidas claramente las metas. Las victorias rápidas pueden generar un impulso efectivo para el éxito de las iniciativas subsecuentes.

2.15 Definición de la gerencia de administración del conocimiento

Leif Edvinsson fue el primer Director en Jefe del Conocimiento[28], de una empresa que se tenga documentado, sin embargo no es la única persona o responsabilidad que hay que definir al respecto existen varias según Carl Frappaolo [Frappaolo, 2006]:

Ingeniero de conocimiento: es un líder de la organización que ejecuta los procesos tácticos y procedurales del conocimiento, es el encargado de darle las especificaciones a los sistemas y a sus programadores.
Analista del conocimiento: es el encargado de llevar a cabo las mejores prácticas, es el responsable de recolectar, organizar y diseminar el conocimiento, generalmente en demanda.
Gerente del conocimiento. Es el supervisor, el responsable de coordinar los esfuerzos de los ingenieros, analistas y arquitectos, y es para grandes organizaciones que tienen diversos dominios y aislados, aunque esto con las nuevas tecnologías tiende a desaparecer.
El director en jefe del conocimiento (CKO), tradicionalmente es el responsable de la operación a nivel organizacional de la administración del conocimiento. No debe reportar nunca a las áreas de tecnología, sino más bien al director general, como en los procesos de calidad. Es común ver cometer la misión de mandarlos con las áreas de tecnología lo que demerita el alcance y visión que pueden tener, pero sobre todo ejecutar.

No hay que confundir el rol del director de sistemas, informática o tecnología[29] y el director de conocimiento, este último generalmente con pocos recursos humanos a su cargo se focaliza en maximizar la creación, desarrollo, descubrimiento y la difusión de conocimientos en la organización.

Los principales roles del CKO, pueden variar en función de la organización, varios autores[30] coinciden en los siguientes:

- Identificar el conocimiento crítico y crear estrategias para su desarrollo
- Transferir las mejores prácticas de la organización
- Administración del cambio
- Promover la comunicación, romper silos.

_____

[28] CKM, Chief Knowledge Manager, por sus siglas en inglés.
[29] CIO , CTO por sus siglas en iglés Chief Information Officer / Chief Technology Officer.
[30] [Frappaolo, 2006], Michael [Earl, 1999], [Neilson, 2008].

- Diseñar una arquitectura eficiente, efectiva y fácil de usar para el contenido (taxonomía, adquisición, organización, entre otros)
- Crear la infraestructura de apoyo a los usuarios y recursos de la organización
- Coordinar y desarrollar los dominios de conocimiento y las redes, así como los espacios virtuales
- Procurar eliminar los obstáculos a la contribución, la creación, el compartir y el uso del conocimiento.

Capítulo III Método

3.1 Hipótesis

3.1.1 Hipótesis 1

H1: La administración del conocimiento en la empresa mexicana tiene un bajo nivel de aplicación y desarrollo.

3.1.2 Hipótesis 2

H2: No existe un modelo localizado de administración del conocimiento para que las empresas mexicanas lo ocupen en su beneficio.

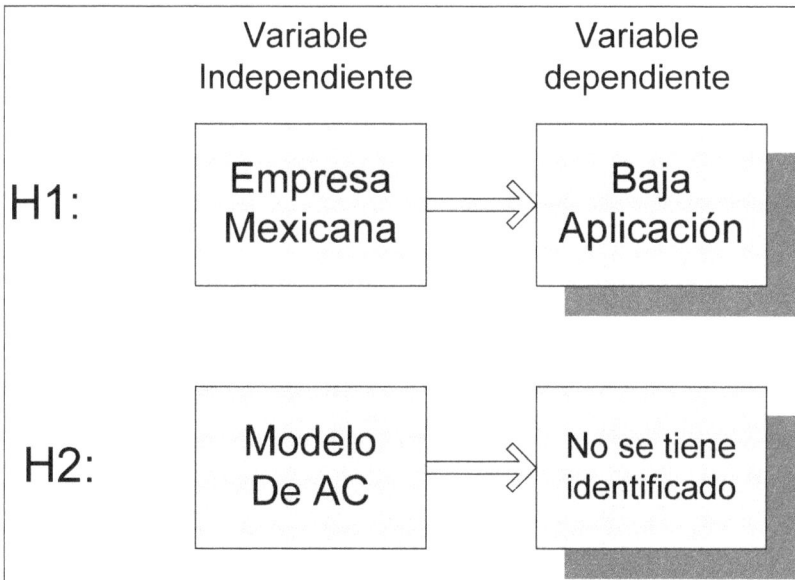

	Variable Independiente	Variable dependiente
H1:	Empresa Mexicana	Baja Aplicación
H2:	Modelo De AC	No se tiene identificado

Figura 33 Constructo de variables. Fuente: elaboración propia

3.2 Metodología de la investigación

El diseño metodológico indica que la investigación es aplicada y consisten en un diseño no experimental transeccional descriptivo tipo encuesta, donde la unidad de análisis consiste en empresas representadas por personas en un universo ubicado en la Ciudad de México.

3.2.1 Método y tipo de investigación

La investigación consiste en un diseño no experimental transeccional descriptivo tipo encuesta [Hernández et al, 2006], se realizó un diseño no experimental ya que no se variaron, se observan fenómenos tal y como se proporcionan en su segmento de mercado para posteriormente analizarse.

Es considerado transeccional (o también llamado transversal) ya que se analizaron los niveles o presencias de una o más variables en un momento dado.

Es de índole exploratoria dado que el estudio de la administración del conocimiento no está profundamente aplicado en México.

3.2.2 Selección de muestra

El diseño de muestras tiene como objetivo principal elegir el mejor diseño con el menor error. Un diseño de muestra en el que se especifica el tamaño de la muestra define un estimado y produce la distribución de muestra de ese estimados [Kish, 1995]

Según Leslie Kish, en el diseño de muestras se sigue un proceso que consta de dos pasos:

- Proceso de selección: En este se encuentran las reglas y operaciones para incluir en la muestra alguno de los miembros de una población
- Proceso de estimación: aquí se procede con el cálculo de las estadísticas de la muestra, se lleva a cabo la estimación muestral de los valores poblacionales.

Un error de muestreo es la diferencia entre los valores obtenidos y los que se obtendrán si se usara el mismo método de observación en toda la población, es decir ocurren debido a que solamente se destina una parte de la población total para la observación muestral [Kish, 1995].

Un error que no es de muestreo se presenta por la imperfección de los procedimientos de observación. El error de cobertura no es un error de muestreo debido a los problemas con la cantidad de personas enumeradas. Otro error es el de contenido, el cual surge a partir de los problemas de la calidad de la recolección de información [Kish, 1995].

Por otro lado, Kish señala que para diseñar encuestas hay que considerar cual es su objetivo y:

- La definición de variables de la encuesta
- Los métodos de observación, que es la manera de recolectar y procesar los datos.
- Los métodos de análisis, cuyo objetivo principal es reducir el número de datos de la encuesta
- Como se utilizan los datos de la encuesta
- La precisión deseada.

La población encuestada difiere de la objetivo, debido a los problemas de cobertura y no respuesta, en cuanto a la encuesta esta arroja información sobre las características de la población-muestra medida, las cuales llegan a ser las variables de estudio mismas [Kish, 1995].

3.2.3 Estratificación

Está definida como la selección de varias sub poblaciones denominadas estratos los cuales dividen a la población. Una de las ventajas del muestreo estratificado sobre el muestreo aleatorio simple es que el primero reduce la varianza en el tamaño de la muestra, ya que al crear h estratos se puede reducir la desviación estándar del tamaño de la muestra, a pesar de que el tamaño de las muestras sean distintos.

3.2.4 Población

La población que mediremos está comprendida por las organizaciones empresariales y gubernamentales de la Ciudad de México, para este estudio la muestra, misma que será no probabilística, consultaremos a 100 organizaciones basadas en la Ciudad de México. De cada una de estas empresas se buscará al principal ejecutivo vinculado con la administración del conocimiento ó un coordinador o gerente que se vea impactado por la administración del conocimiento dentro de su organización.

La clasificación de empresas según su número de empleados y sector según el Diario Oficial de la Federación es como se muestra en la siguiente tabla

Sector / Tamaño	Industria	Comercio	Servicios
Micro	0 - 10	0 – 10	0 – 10
Pequeña	11 - 50	11 – 30	11 – 50
Mediana	51 – 250	51 – 100	51 - 100
Grande	251 - en adelante	101 – en adelante	101 – en adelante

Fuente: Diario Oficial de la Federación, 30 de diciembre de 2002.

Tabla 7Clasificación de Empresas según su número de empleados y sector.

Estratificación Censal	Unidades Económicas 1998	2003	% Participación Total, 2003
0 - 10	2,617,823	2,792,678	95.54%
11 – 50	88,698	102,589	3.51%
51 - 250	18,795	22,081	0.76%
251 y mas personas	4,660	5,700	0.20%

Fuente: INEGI. Censos Económicos 1999, 2004
Tabla 8 Cantidad de empresas y porcentaje según su número de empleados

Estratificación Censal. Cd. De México	Unidades Económicas 1998	2003	% Participación Total, 2003
0 - 10	318,613	317,132	92.60%
11 – 50	19,268	19,179	5.60%
51 - 250	5,161	5,137	1.50%
251 y mas personas	1,376	1,370	0.40%

Fuente: INEGI. Censos Económicos 1999, 2004
Tabla 9 Cantidad de empresas por estrato en el D.F.

Distrito Federal

Unidades Economicas	1998	2003	Variación
(A) Nacional	2,805,384	3,005,157	7.12%
(B) Distrito Federal	344,074	342,475	-0.46%
(B/A) Participación	12.26%	11.40%	

Fuente: INEGI. Censos Económicos 1999, 2004
Variación de empresas en el D.F.

Para los fines de la presente muestra y tener una identificación de las empresas factibles de tener una administración del conocimiento, y poder aplicar de mejor manera enviaremos la encuesta la dividimos en cinco racimos[31], mismos que dividimos de la siguiente manera:

Cantidad de Colaboradores	Racimo
1 a 50	A
51 a 250	B
251 a 1,000	C
1,001 a 10,000	D
Más de 10,000	E

Tabla 10 Segmentación para el estudio. Fuente: elaboración propia.

---

[31] También denominados conglomerados ó por su término en inglés como *clusters*

Al tomar como base la información de los Censos Económicos del 2004. [INEGI, 2004], de la estratificación de unidades económicas, consideraremos válida la muestra con al menos 30 elementos, dado el universo de datos[32] con el que contamos, dado que será una muestra probabilística estratificada y por racimos.

Para poder identificar el número adecuado de la muestra probabilística para racimos, utilizaremos la siguiente fórmula, para el tamaño provisional de la muestra [Kish, 1995]:

$$n' = \frac{s^2}{V^2}$$ y después aplicar $$n = \frac{n'}{1 + \dfrac{n'}{N}}$$

Donde:
V es la varianza de la población
s^2 es la varianza de la muestra
N   es la población
n es la muestra
p es el porcentaje estimado de la muestra, la probabilidad de ocurrencia
         del fenómeno
n' es el tamaño provisional de la muestra

De los datos de las tablas anteriores, y al considerar en el estudio que tenemos que realizar, se hará un sesgo de la población, dado que las empresas micro (de 0 a 10 empleados) no son siempre candidatas directas a una administración del conocimiento, dado lo anterior ubicaremos a partir de la estratificación de 11 o más empleados.

V^2 Es el error estándar y lo definiremos como 0.03
N   25,686
p 0.95

$$s^2 = p(1-p) = 0.95(1-0.95) = 0.0475$$
$$V^2 = (0.03)^2 = 0.0009$$
$$n' = \frac{0.0475}{0.0009} = 52.778$$

---

[32] Cf. Hernández Sampieri, et al, Metodología de la Investigación. 4ª Edición. 2008. P.261

$$n = \frac{n'}{1+\frac{n'}{N}} = \frac{52.778}{1+\frac{52.778}{25,686}} = 52.67 \approx 53\,muestras\,/\,empresas$$

Dado que nuestro análisis es por racimos, debemos distribuir los 100 elementos o empresas de acuerdo con la distribución de la población en los estratos clasificados por el INEGI.
De la formula de estratificación de la muestra tenemos:

$$\sum fh = \frac{n}{N} = ksh$$

$$fh = \frac{52.778}{25686} = 0.00205$$

Al aplicar la fh tenemos:

Estratificación	fh	valores 2003	nh
0 - 10	0.002051	N/A	N/A
11 – 50	0.002051	19,179	39
51 - 250	0.002051	5,137	11
251 y mas personas	0.002051	1,370	3

Tabla 11 Resultado de estratificación para la muestra. Fuente: elaboración propia.

La muestra mínima es de 53 empresas, en racimos.

3.3 Técnica de diseño de la investigación

3.3.1 Diseño de instrumentos de recopilación de información

Los datos primarios de este trabajo serán obtenidos vía una evaluación y cuestionario dirigido a empresas de México, mismo que será tomado por Internet y en entrevista personal. El cuestionario utilizado está en el apéndice I. La encuesta por Internet se llevo a cabo con apoyo de la herramienta LimeSurvey[33]

Los datos secundarios serán obtenidos de otras investigaciones relacionadas y de libros, tesis de maestría y doctorales afines a nuestro tema.

La elaboración de la encuesta tuvo como objetivo actualizar la visión de la administración del conocimiento en diversos segmentos de empresas y como pretender obtener provecho, esto apoyará en el ajuste del método propuesto.

Estamos interesados en las variables que nos permitirán ver si realmente el instrumentar un método de administración del conocimiento nos ayudará a mejorar, o al menos, mantener la competitividad de la empresa, y conservar su capital intelectual dentro de la misma:

- Rotación de empleados
- Complejidad de productos / servicios ofrecidos
- Enfoque competitivo

Referenciado en estudio que elaborado en el año 1991, al ser la única referencia documentada de un análisis similar encontrada en la investigación, se procedió a contactar al Centro de Sistemas de Conocimiento del ITESM, para intercambiar puntos de vista y solicitar su autorización para retomar parte de su estructura de encuesta, ajustarla y aplicarla a nuestra muestra objetivo, se obtuvo la autorización correspondiente.

La muestra fue conformada por cinco racimos de empresas en segmentos clasificados por el número de empleados[34], y se envió a un número proporcional de empresas conforme la estratificación obtenida en los cálculos presentados antes.

---

[33] Mayor detalle lo puede encontrar en http://www.limesurvey.org
[34] Estos racimos ó clusters, consideraron como base la información obtenida del INEGI, siendo la micro y pequeña el primer racimo, la media el segundo, la grande el tercero y dividimos otros dos niveles en lo que nosotros denominamos racimo D y E, conforme se especificó en el subtema de Población mostrado anteriormente.

Para llevar a cabo esta investigación se enviaron invitaciones a doscientas cincuenta empresas[35], con objetivo de que llegarán a sus directores generales, directores de administración, recursos humanos, gerentes ó coordinadores de áreas de servicio al público e investigación y desarrollo.

De la muestra enviada, contestaron la totalidad de las preguntas el 22% de la muestra, contestaron parcialmente un 40% y no la contestaron un 38%. Dado lo anterior solo tomaremos para el análisis las encuestas contestadas en su totalidad.

En los envíos en papel de la encuesta, se entregaron en sobre tamaño carta el cual contenía:
- Una carta de invitación e introducción a la encuesta
- Un ejemplar del cuestionario

La muestra procuramos conformarla por todos los tipos de empresa catalogadas por el INEGI[36], esta muestra se midió en seis dimensiones:

- Perfil del Ejecutivo
- Perfil de la Organización
- Entendimiento / Intención
- Colaboración
- Resultados
- Visión Futura / Práctica

3.3.2 Recolección de datos

El envío de la encuesta se inicio por mensajería el día 24 de junio de 2008, y el 27 de junio de 2008 se envío la invitación a la misma encuesta vía correo electrónico.
La base de datos ocupada fue obtenida de un registro personal de empresas privadas y públicas, recopilado durante la carrera profesional, asimismo se obtuvo una base de datos de Conexión Ejecutiva.

La información gubernamental se obtuvo de los portales de transparencia de cada entidad del Gobierno Federal y del D.F.

---

[35] Por el antecedente que nos compartió el CSC del ITESM, las encuestas las contestaron el 6.2%, y en otras referencias, como [Kish, 1995] puede llegarse a un 35% de respuesta, se decidió enviarla a 250 empresas como mínimo
[36] Instituto Nacional de Estadística, Geografía.

El seguimiento se hizo vía telefónica, y las encuestas contestadas en papel, fueron recolectadas vía un servicio de mensajería.

La encuesta se mantuvo abierta y válida a recepción hasta el día 9 de septiembre de 2008, a pesar que la última respuesta se recibió el 13 de agosto de 2008, se obtuvieron los siguientes resultados:

- 55 encuestas contestadas íntegramente
- 100 encuestas contestadas parcialmente
- 95 encuestas sin respuesta

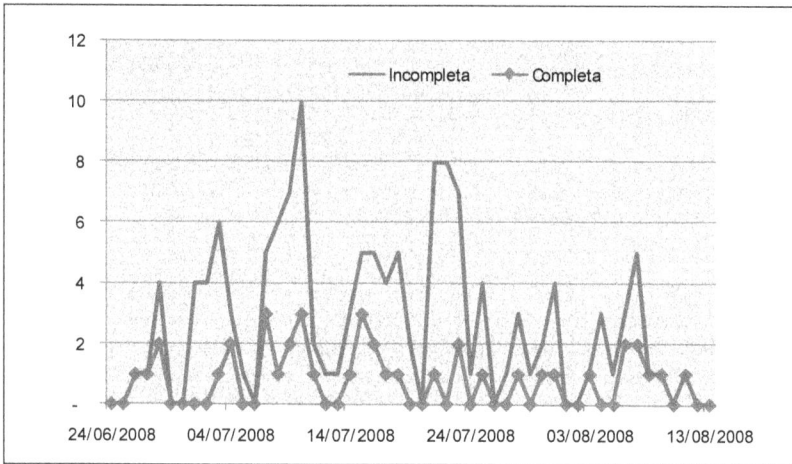

Figura 34 Respuestas en el tiempo de la encuesta

Los resultados se manipularon vía el software *SPSS© Statistics* versión 14.

3.4 Alcance del estudio

En esta investigación se pretenden enumerar y describir las actividades fundamentales y lineamientos básicos que requiere la empresa mexicana para instrumentar una administración del conocimiento.

De igual forma se definirá un modelo de administración del conocimiento alineado a la empresa mexicana, así como una guía básica para la evaluación de una plataforma tecnológica que permita su explotación.

3.5 Impacto esperado

Los objetivos de la administración del conocimiento esta estructurados generalmente en tres puntos principales, [Ermine, 2000], que denominaré como las tres "C"´s:

- Capitalizar   Saber dónde estamos y a donde vamos
- Compartir   Cambiar la inteligencia individual a colectiva
- Crear   anticiparse e innovar para seguir en el mercado

¿Cómo mejorar la identificación, adquisición, almacenamiento, acceso, difusión, reutilización y mantenimiento del conocimiento interno y externo en la organización? Es la pregunta que da sentido a la administración del conocimiento.

Una de las maneras de abordar este cambio es el crear una memoria organizacional, que permitirá a las personas adecuadas el acceso a las piezas de información en tiempo y forma con el nivel adecuado de detalle y presentación.

Actualmente la forma en la cual se establecen los procesos de registro, validación, creación y difusión del conocimiento no proporciona ventajas que la administración del conocimiento puede brindar a las organizaciones. Por otro lado los mecanismos de acceso y búsqueda de información no garantizan una correcta transferencia de información ni mucho menos el aprendizaje adecuado que permita acelerar la creación de conocimiento nuevo en base a los conocimientos o experiencias anteriores.

La contribución más importante de la investigación será el modelo sustentable que permita proporcionar las ventajas que la administración del conocimiento provee, con los mecanismos de transmisión de información orientados a facilitar las búsquedas y accesos a contenidos relevantes para el usuario.

Ya que esto apoyará a las empresas, instituciones u organizaciones a:

- Conservar y crear empleos
- Promover el crecimiento económico
- Apoyo a la innovación

Consideramos, basado en nuestra investigación, que la economía del conocimiento se convierte cada vez más en la actividad dominante, la capacidad de innovar ayudará a determinar no solo a las organizaciones ganadoras y perdedoras en los mercados, pero también el grado en que cada sector económico progresa y alcanza su potencial. Lo cual es una verdad no solo para las actividades de las empresas, sino también para las Instituciones gubernamentales ó públicas [OCDE, 2004][37]

_____

[37] Cf. OCDE. Innovation in the Knowledge Economy. 2004. Pp. 77-95.

Capítulo IV. La administración del conocimiento en México y el modelo ADSA

4.1 El mercado mexicano

Basado en los reportes de la OCDE (Organización para la Cooperación y el Desarrollo Económicos) de Estudios Económicos de México 2007, durante los últimos 20 años, la estrategia de desarrollo de México ha consistido en abrir la economía al comercio exterior y la inversión extranjera. El proceso ha llevado a realizar algunos cambios estructurales en el sector productivo y a un desplazamiento gradual de la especialización comercial de la economía hacia productos de tecnología media y alta.

La presencia de empresas extranjeras, por medio de efectos colaterales y prácticas administrativas modernas, ha traído consigo beneficios sustanciales, sobre todo en el terreno de las manufacturas, pero también en servicios.

El ejemplo de varios países de crecimiento acelerado de la OCDE muestra que México podría ganar aún más, con una mayor IED (inversión extranjera directa), pero, se requieren medidas de política de amplio alcance para mejorar el entorno de negocios, incluyendo a las pequeñas y medianas empresas, al aumentar la calidad del capital humano [OCDE, 2007].

También es esencial contar con un mercado laboral con el funcionamiento adecuado y las políticas sociales eficaces para fomentar un crecimiento más fuerte y equitativo. Aunque el desempleo abierto es bajo, se observa una gran incidencia de empleos informales y de baja productividad. Para fomentar la creación de más empleos – y más productivos – se requiere tomar medidas en un frente más amplio, que incluya la formación de capital humano y mejorías en el ambiente de negocios, al igual que reformas al mercado laboral y en las políticas sociales [OCDE, 2007].

En primer lugar, es necesario mejorar las perspectivas para que más trabajadores cambien hacia empleos más productivos mediante el aumento en la calidad de las aptitudes y las competencias. Segundo, un mercado laboral más flexible acompañado de una protección eficaz en caso de pérdida de empleo (por ejemplo, mediante cuentas de ahorro individuales) aumentaría la eficiencia del mercado laboral. Tercero, se requiere una gama de medidas para combatir la exclusión y una pobreza muy difundida [OCDE, 2007].

En el Foro Económico Mundial (WEF) "The Global Competitiveness Report" se hace un análisis de los 131 países con las economías más grandes y emergentes que califica la habilidad de los países de proveer altos niveles de prosperidad a sus ciudadanos, basado principalmente en que tan productivo es un país así como que tan bien usa sus recursos. En la página 23 y 24 del más reciente reporte[38] de 2007-2008, recién liberado, expresa puntualmente como México no ha aprovechado todo su potencial y como ha venido decayendo en la escala del índice, y hace mención a dos puntos muy interesantes:

---

[38] World Economic Forum. Global Competitiveness Index, Chapter 1.1 Measuring the Productive Potential of Nations.

- La mediocre productividad y competitividad, en particular si se toma   como referencia la rigidez de los mercados
- La calidad mediocre de la educación media como preocupación adicional.

Country/Economy	GCI 2007–2008 Rank	Score	GCI 2007–2008 rank (among 2006 countries)*	GCI 2006–2007 rank
United States	1	5.67	1	1
Switzerland	2	5.62	2	4
Denmark	3	5.55	3	3
Sweden	4	5.54	4	9
Germany	5	5.51	5	7
Finland	6	5.49	6	6
Singapore	7	5.45	7	8
Japan	8	5.43	8	5
Mexico	52	4.26	49	52
Turkey	53	4.25	50	58
Indonesia	54	4.24	51	54
Cyprus	55	4.23	52	49

The Global Competitiveness Report 2007-2008 © 2007 World Economic Forum

Figura 35 The Global Competitiveness Index. 2007-2008. Fuente World Economic Forum (WEF). 2008.

En el mismo documento, hacen patente la necesidad de competitividad, que es un requerimiento fundamental para la prosperidad, se considera a la competitividad como la porción de mercado que tiene un país en un contexto mundial para sus productos; y si la prosperidad está determinada por la productividad de una economía, que es medida por el valor de sus bienes y servicios producidos por unidad humana, capital y de recursos humanos de una nación, se convierte entonces en una relación directa, donde la verdadera competitividad es medida por la productividad.

The Business Competitiveness Index (BCI) ranking

Country/Economy	2007	2006	2005	2004	2003	2002	2001
United States	1	1	1	2	2	1	2
Germany	2	2	3	3	3	3	5
Finland	3	3	2	1	1	2	1
Sweden	4	9	9	5	5	4	6
Denmark	5	4	4	4	4	8	8
Switzerland	6	5	8	8	7	5	4
Netherlands	7	6	6	7	8	7	3
Austria	8	11	13	17	16	12	12
Singapore	9	10	10	9	9	9	10
Japan	10	8	7	11	13	15	16
Morocco*	63	70	56	46	46	n/a	n/a
Mexico	64	56	54	49	52	52	52
Colombia	65	57	58	57	55	54	60
Philippines	66	68	70	71	65	56	54

Figura 36 The Business Competitiveness Index, WEF. 2007-2008. En los últimos 8 años México ha caído 12 lugares. Fuente WEF 2008.

Al analizar los datos y resultados de la OCDE, WEF, y del Banco Interamericano de Desarrollo, se puede ver que la productividad es afectada por la proporción de trabajo que emplean, pero también por la calidad del mismo. Es decir no solo es producir mucho y barato, sino también bien y al menor costo; ya que hay países que pueden tener mercados de trabajo ineficientes con alta productividad dada su fuerza laboral, pero no generan valor adicional el potencial de los empleados que no trabajan óptimamente.

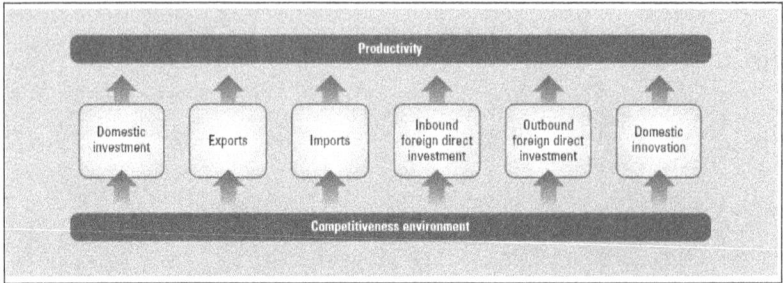

Figura 37 The Microeconomic Foundations of Prosperity: Findings from the Business Competitiveness Index. Fuente: WEF 2008.

Si analizamos los porcentajes de inversión en investigación y desarrollo de México, ya sea privada o pública, para generar investigación que aplicada se convierte en innovación, es mínimo. Sin embargo, aunque esto impacte directamente en la encomia del país, lo importante no es incrementarlo únicamente del lado del gobierno, también del lado de las empresas ya que esta inversión aportará un valor inmediato a su beneficio financiero, pero también social, e incrementa la competitividad y su permanencia autosustentable de largo plazo al usar su propio conocimiento, como una fuente mas de ingreso.

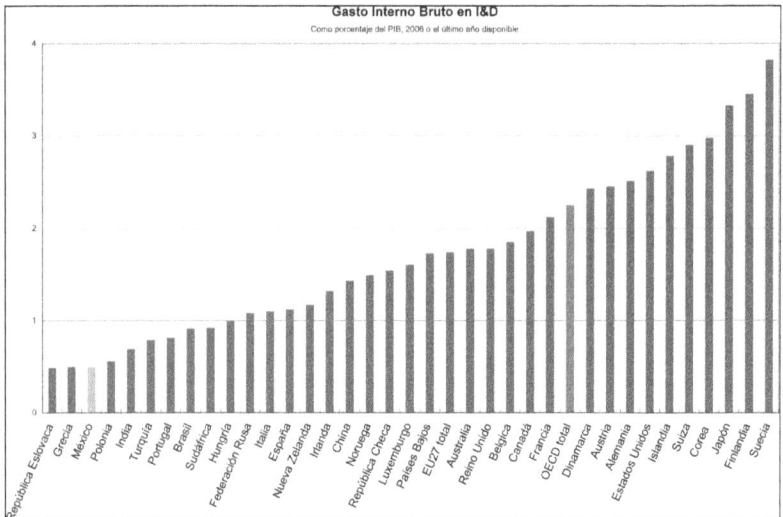

Figura 38 Gasto en Investigación y desarrollo como porcentaje del Producto Interno Bruto. Fuente: OCDE Factbook. 2007.

Nuestro trabajo considera que la correcta administración del conocimiento definitivamente aporta un resultado inmediato en la innovación de la empresa y del gobierno, como podrá notarse en las siguientes tablas la incidencia del Producto Interno Bruto impacta en la generación de conocimiento y por ende de innovación, o al menos estadísticamente los números son claros así como su tendencia.

País	Porcentaje PIB	Solicitudes de patentes por residentes
Argentina	0.42	1,062
Brasil	1.05	8,807
Canadá	1.82	5,737
Corea	2.92	74,001
Chile	0.57	407
Estados Unidos	2.67	190,907
España	0.96	3,814
Japón	3.06	388,390
Reino Unido	1.89	34,500
México	0.40	534

Tabla 12 Inversión de PIB en Investigación y desarrollo y su efecto sobre patentes. Fuente: National Science Foundation USA 2007.

País	Privados	Gobierno	Otros
Argentina	20.8	74.3	4.9
Brasil	38.2	60.2	1.6
Canadá	41.9	31.3	26.8
Corea	72.5	25.0	2.5
Chile	24.9	68.9	6.2
Estados Unidos	67.3	27.8	4.9
España	47.2	39.9	12.9
Japón	73.0	18.5	8.5
Reino Unido	46.2	30.2	23.6
México	29.8	59.1	12.1

Tabla 13 Gasto en ciencia y tecnología en algunos países por Segmento. Fuente National Science Foundation USA 2007.

De acuerdo con otros estudios llevados a cabo por el Centro de Sistemas de Conocimiento del ITESM en el año 2001 [CSC, 2001], según también el sector al cual se analice, se estima que un 60% está aportan valor para la generación de la riqueza el conocimiento, esto, sin contar las empresas intensivas en conocimiento; citan también el

Centro de Sistemas en Conocimiento [CSC, 2001], que nuestros sistemas actuales, contables y administrativos, están diseñados para manejar producción primordialmente basada en tangibles, que caracterizó como ejemplo a la rama agrícola e industrial, sin embargo hoy día no logran captar , procesar y capitalizar esa mayor parte de la riqueza actual, el conocimiento. He aquí el tamaño de la oportunidad[39].

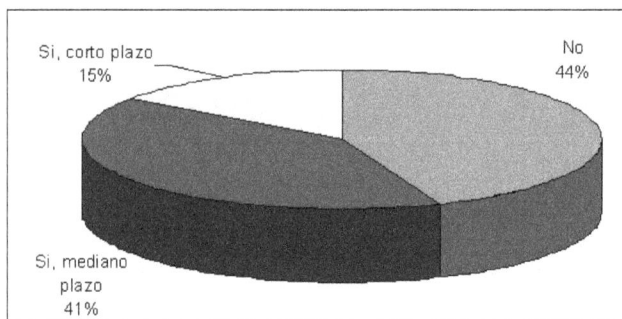

Figura 39 ¿Está considerando su organización iniciar proyectos de administración del conocimiento? Fuente ITESM. Centro de Sistemas de Conocimiento (CSC) 2001

En la Figura anterior, puede notarse que casi el 50% de los encuestados por el ITESM, no consideraban la administración del conocimiento como un punto a ser tomado en cuenta, y sin embargo en la figura siguiente, si la manifiestan dos terceras partes como un punto estratégico para las empresas ante mercados globalizados, ahora, surge la pregunta ¿No somos ya en México, parte de una mundialización y en ciertas industrias de una globalización?

Más aun resulta interesante como las organizaciones con diversos servicios sobre productos, que corresponden al casi 80%, como lo muestra la figura siguiente no fueron congruentes o consistentes en las anteriores gráficas, lo cual nos lleva a una idea de que no entienden el concepto o no han tenido el apoyo adecuado para poder obtener una ventaja del mismo, dado que la complejidad es un excelente usuario y cliente de la administración de conocimiento y que deriva en innovación.

---

[39] Este estudio fue realizado en 2001 por el ITESM con patrocinio de las empresas Xerox® y EDS©, con fines exploratorios y orientados a generar una referencia. La muestra fueron directores generales o sus colaboradores directos en empresas de todo tamaño y giro, sin importar el giro del capital.

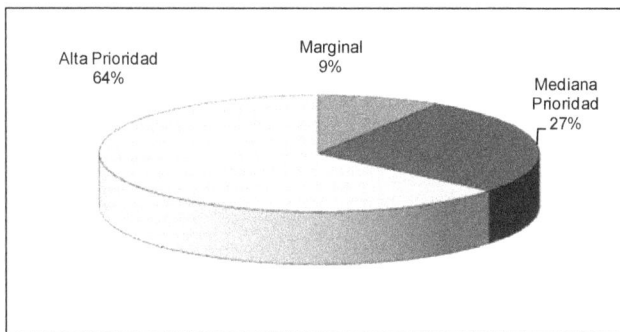

Figura 40 Prioridad que consideraron para organizaciones de clase mundial ante negocios y mercados globalizados. Fuente ITESM 2001. CSC

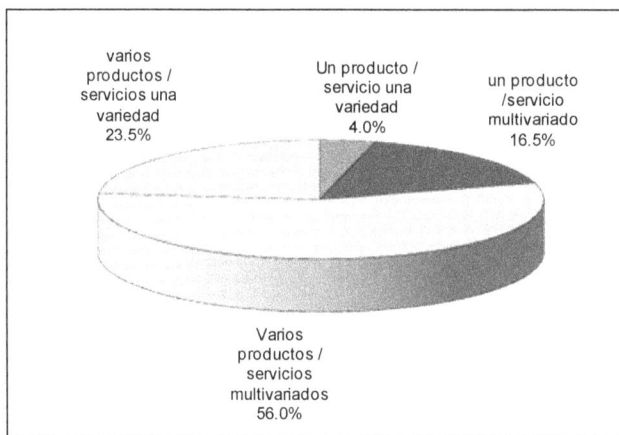

Figura 41 Complejidad del producto o servicios ofrecida. Fuente ITESM. Centro de Sistemas de Conocimiento (CSC) 2001

Dados los análisis anteriores y varios más que han hecho diversas organizaciones, e instituciones se muestra que en México no hay una visión adecuada, se puede atreverse a decir que tampoco madura de la administración del conocimiento o sencillamente que no lo han tomado en cuenta para mejorar su competitividad:

- La visión, estrategia y objetivos son la base para administrar la innovación y el cambio
- La innovación se relaciona con la puesta en práctica, con realizar el trabajo.
- Sin una brecha en el desempeño, no es probable que se produzca la innovación.
- La inercia mata. Administrar en conocimiento es una herramienta no aprovechada y la que más oportunidad ofrece para promover la innovación y el cambio.

Finalmente al retomar del Foro Económico Mundial del 2007, donde se muestra y menciona los factores claves para las economías competitivas, puede notarse en la figura siguiente que las claves de innovación y eficiencia son resultado de diversos factores y en ambos la administración del conocimiento aporta un valor amplio a su desarrollo.

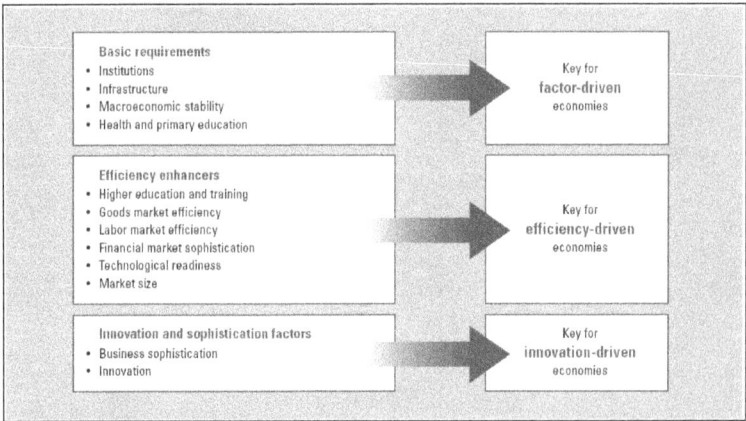

Basic requirements
- Institutions
- Infrastructure
- Macroeconomic stability
- Health and primary education

Key for
factor-driven
economies

Efficiency enhancers
- Higher education and training
- Goods market efficiency
- Labor market efficiency
- Financial market sophistication
- Technological readiness
- Market size

Key for
efficiency-driven
economies

Innovation and sophistication factors
- Business sophistication
- Innovation

Key for
innovation-driven
economies

Figura 42 Global Competitiveness Index. Fuente: World Economic Forum. 2007

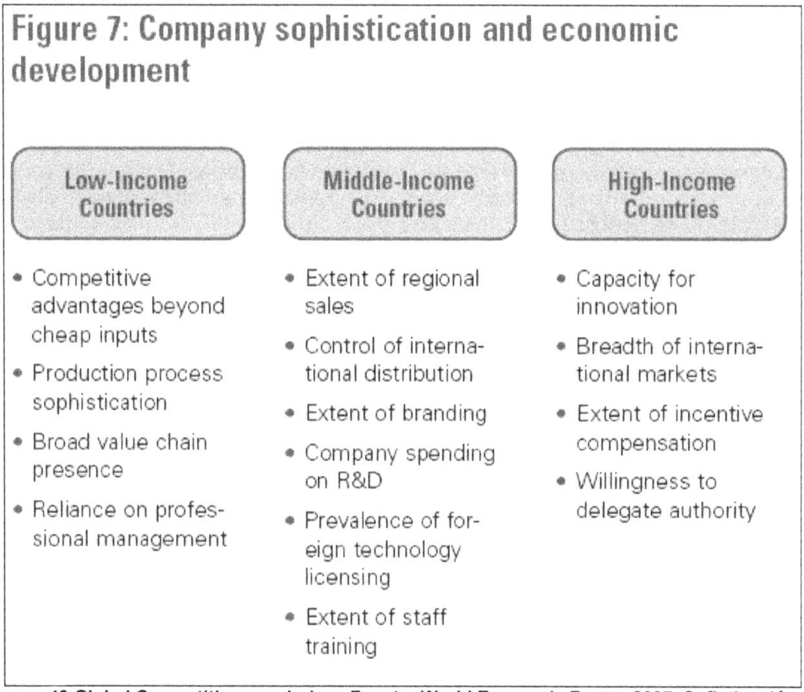

Figure 7: Company sophistication and economic development

Low-Income Countries	Middle-Income Countries	High-Income Countries
• Competitive advantages beyond cheap inputs • Production process sophistication • Broad value chain presence • Reliance on professional management	• Extent of regional sales • Control of international distribution • Extent of branding • Company spending on R&D • Prevalence of foreign technology licensing • Extent of staff training	• Capacity for innovation • Breadth of international markets • Extent of incentive compensation • Willingness to delegate authority

Figura 43 Global Competitiveness Index. Fuente: World Economic Forum 2007. Sofisticación de compañía y desarrollo económico.

4.2 Visión actual de la administración del conocimiento en México.

Los cambios demográficos (el aumento de la edad de la población, la caída de la tasa de natalidad y la migración), la evolución social, los programas educativos inapropiados, la globalización y las prácticas empresariales (uso de servicios externos / *outsourcing*, servicios desde el extranjero[40], empleo sobre pedido) son, entre otros, los causantes de la escasez, no sólo de la disponibilidad en general de talento, sino también, y más importante, de habilidades y conocimientos específicos necesarios en las economías industrializadas, emergentes y en desarrollo [ManPower, 2006].

Los gobiernos y las compañías reclutadoras alrededor del mundo buscan medidas para contrarrestar los efectos de esta escasez, al incrementar los recursos para la capacitación educativa y vocacional, y adaptar políticas estratégicas de migración, se transforma población económicamente inactiva en una fuerza laboral más incluyente y se alenta a la gente mayor, que posee conocimientos, habilidades y experiencia, a que permanezca en sus respectivos empleos. Sin embargo, debido a que la misma tendencia se intensifica, hay cada día más que hacer, de manera proactiva, para mitigar la inminente escasez de talento.

Como resultado de los avances tecnológicos y la mejoría en la productividad, muchos trabajos rutinarios, que requieren de pocas habilidades, están por eliminarse y las destrezas que alguna vez fueron requeridas se están convierten en obsoletas rápidamente.

Mientras que esto reduce la demanda de algunos trabajos, también provoca mayor número de personas potencialmente desempleadas. De lo anterior se evidencia que los individuos y sus representantes laborales deben tomar medidas para asegurar que todas las oportunidades de re-capacitación y reentrenamiento disponibles se aprovechen y así estar preparados para el futuro mundo emergente del trabajo [ManPower, 2006].

A finales de enero de 2006, Manpower Inc.[41]realizó una encuesta con aproximadamente 33,000 empleadores de 23 países para determinar hasta qué grado la escasez de talento impacta actualmente los mercados laborales. Los resultados de esta encuesta, revelan que el 40% de los empleadores/reclutadores de todo el mundo tienen dificultad para cubrir ciertos puestos debido a la falta de talento apropiado disponible en los mercados laborales. Los empleadores que tienen mayores dificultades para cubrir determinados puestos se encuentran en México (78% reporta escasez), Canadá (66%) y Japón (58%).

---

[40] También conocido como *offshoring*
[41] Empresa de origen norteamericano que cotiza en la Bolsa de Nueva York bajo el símbolo MAN. Número total de personas encuestadas: 32,975. Reclutadores que indican tener dificultad para cubrir los puestos: 40%. Reclutadores que indican no tener dificultad para cubrir los puestos: 60% Margen de error: +/- 4.1%.

124

El país con menos escasez de talento es India donde sólo el 13% reporta dificultad para cubrir los puestos [Manpower, 2006].

En México, a pesar de sonar preocupante la cifra, es algo que nos debe abrir los ojos por un lado a mantener la experiencia dentro de las organizaciones, por otra parte como personas debemos ver la tener una alta oportunidad de trabajo que existe. De acuerdo con la encuesta de Manpower[42] la escasez de talento para México esta principalmente situado en:

- Representantes de Ventas
- Técnicos (principalmente de producción/operaciones, ingeniería y mantenimiento)
- Obreros
- Operadores de producción
- Asistentes administrativos/médicos
- Ingenieros
- Representantes de servicio/apoyo al cliente
- Gerentes de mantenimiento
- Gerentes de ventas
- Recepcionistas

De las posiciones más escasas ocho son categorías que demandan una alta capacidad de experiencia y conocimiento para mantener el éxito, consideramos importante por lo tanto el mantener seguimiento continuo en los usuarios demandantes de conocimiento[43].

Al contrastar el resultado para México, contra la tendencia a nivel mundial[44], los puestos con mayor requerimiento en los próximos años serán, en orden de demanda:

- Representantes de ventas
- Ingenieros
- Técnicos (principalmente de producción/operaciones, ingeniería y mantenimiento)
- Operadores de producción
- Oficios manuales* que requieren de ciertas habilidades y capacitación (principalmente carpinteros, soldadores y plomeros)
- Personal de Tecnologías de la Información (principalmente programadores/desarrolladores)

---

[42] Elaborada en 2006. Número total de personas encuestadas: 4,806. Reclutadores que indican tener dificultad para cubrir los puestos: 78%. Reclutadores que indican no tener dificultad para cubrir los puestos: 22%. Margen de error: +/- 1.4%
[43] Obrero es un amplio espectro, ya que hay requerimientos de conocimiento muy altos en ciertas áreas y muy bajos en otras, por eso no se consideró como una posición altamente demandante de conocimiento, de la misma manera no se considero a la recepcionista.
[44] Número total de personas encuestadas: 32,975 Reclutadores que indican tener dificultad para cubrir los puestos: 40%. Reclutadores que indican no tener dificultad para cubrir los puestos: 60%. Margen de error: +/- 4.1%. Elaborada en veintitrés países.

- Asistentes administrativos/personales
- Chóferes
- Contadores
- Alta Gerencia/Ejecutivos

Las prácticas integrales de conocimiento profundo sobre administración de talento pueden no sólo ayudar a una organización a superar la escasez de talento, sino también a generar el tipo de resultados financieros esperados por los accionistas y el público en general. Tal y como lo estableció McKinsey & Company en su encuesta de 1998 a empresas estadounidenses "Guerra por el Talento", "[aquéllas] que logren administrar su talento de la mejor manera serán por mucho quienes darán mejores resultados para los accionistas".

Asimismo, dicho estudio reveló que las compañías que aplican las mejores prácticas en administración del talento "logran superar el retorno promedio de su industria en 22 puntos porcentuales". Si bien la administración del talento no fue el único factor para lograr ese resultado, la evidencia sugiere que es un elemento muy poderoso en la mezcla de conductores del desempeño [Manpower, 2006].

Inevitablemente, habrá que padecer por algún tiempo la creciente escasez de talento hasta que las personas tomen este tema con seriedad y lo integren en su pensamiento estratégico; ya que mientras no exista ninguna consecuencia o padecimiento, es muy fácil que este tipo de temas se dejen a un lado para que alguien más se encargue de ellos. En un mundo donde la demanda es inmensa y la oferta es rígida, las organizaciones que encuentren las mejores formas de afrontar y resolver el tema de escasez de talento serán quienes triunfen, de igual forma lo harán los empleados que mejor se preparen con las habilidades adecuadas para el futuro mundo laboral.

Conocidos los temas propuestos por la OCDE, el análisis realizado por el ITESM a través de su Centro de Sistemas de Conocimiento, para poder comprobar las hipótesis se elaboró y ejecutó la encuesta presentada en el Apéndice I.

4.2.1 Resultados cuantitativos de la visión actual de la administración del conocimiento en México.

De los resultados de la encuesta realizada, se eligió un universo de doscientas cincuenta organizaciones empresariales y gubernamentales de la Ciudad de México.

Se le envió una invitación personalizada vía carta de invitación en papel y por correo electrónico, al principal ejecutivo vinculado con la administración del conocimiento ó un coordinador o gerente que se vea impactado por la administración del conocimiento dentro de su organización.

La elaboración de la encuesta tuvo como objetivo actualizar la visión de la administración del conocimiento en diversos segmentos de empresas y como pretender obtener provecho, esto apoyará en el enfoque del método propuesto.

Estamos interesados en las variables que nos permitirán ver si realmente el instrumentar un método de administración del conocimiento los ayudará a mejorar, o al menos, mantener la competitividad de la empresa, observando entre otros su:

* Rotación de empleados
* Complejidad de productos / servicios ofrecidos
* Enfoque competitivo

Los resultados obtenidos más resaltantes se presentan a continuación:

* El 80% de los muestra son empresas privadas y el 20% son Instituciones estatales o paraestatales.
* La muestra analizada indica que solo un 20% menciona saber cómo administrar el conocimiento
* El 90% considera que es valiosa la administración del conocimiento
* Alrededor del 10% de la muestra sabe/ha escuchado en su organización que se implantará un proyecto de administración del conocimiento.
* Hay una tendencia a que las organizaciones trabajen más como individuos que como equipos.
* De las organizaciones que han instrumentado algún proyecto de administración del conocimiento, el 55% obtuvieron resultados menores de lo esperado.
* El 68% de las causas la consideran por no tener un marco de referencia o improvisar al instrumentar la administración del conocimiento
* Los beneficios obtenidos, según la muestra, indican que los tres primeros beneficios son: Mejor calidad y ciclos más cortos de producción, una mejor satisfacción del empleado y del cliente.
* El 76% de la muestra considera que las organizaciones de clase mundial deben tener como prioridad la administración del conocimiento
* Pese a lo anterior, solo el 41% pretende instrumentar una administración del conocimiento en menos de un año.

- El principal detractor que se percibe es la falta de presupuesto y la falta de infraestructura tecnológica y de recurso humano.

Lo anterior nos revela una incipiente administración del conocimiento en México, y a pesar de que intuitivamente lo consideran importante, es escaso la iniciativa a instrumentarlo, provocado en gran proporción al desconocimiento y a la falta de recursos (financieros/humanos)

4.2.1.1 Perfil del ejecutivo

- Los ejecutivos son predominantemente hombres entre 36 y 46 años, casados
- Tienen estudios de ciencias sociales (administración, contabilidad, economía), cuentan con alguna maestría, provienen principalmente de universidades públicas.
- Tienen más de once años de experiencia

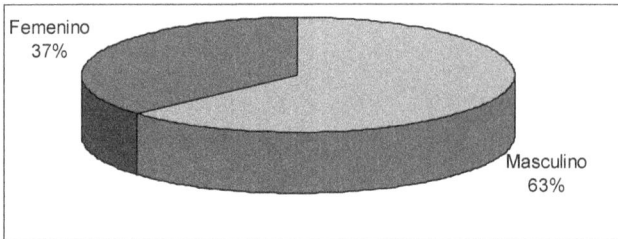

Figura 44 Género de la Muestra. Fuente: elaboración propia.

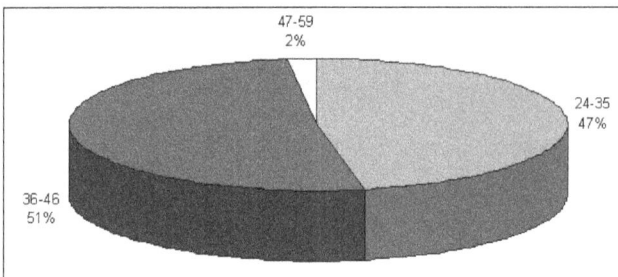

Figura 45 Edades de la muestra, años. Fuente: elaboración propia.

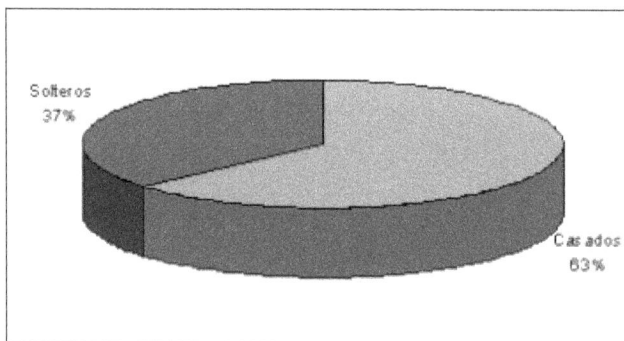

Figura 46 Estado Civil de la muestra. Fuente: elaboración propia.

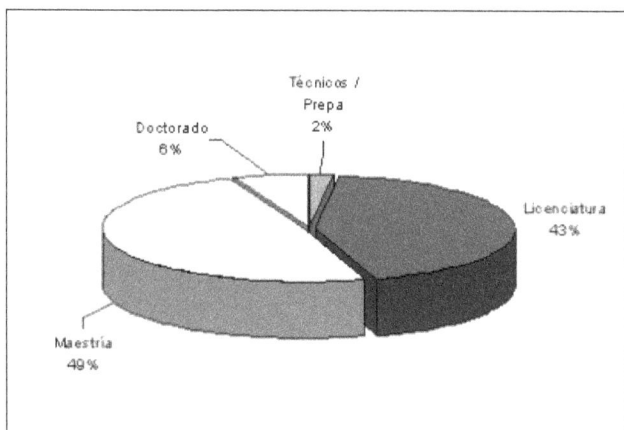

Figura 47 Escolaridad de la muestra. Fuente: elaboración propia.

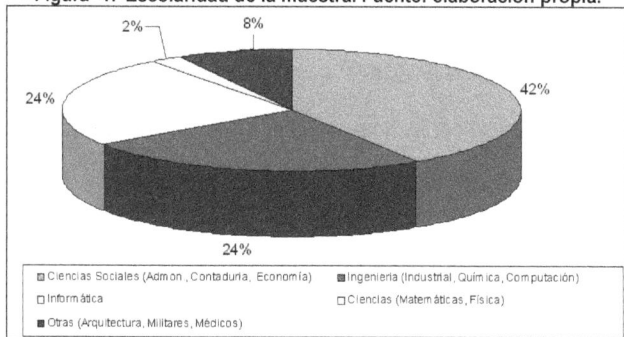

Figura 48 Profesión del encuestado. Fuente: elaboración propia.

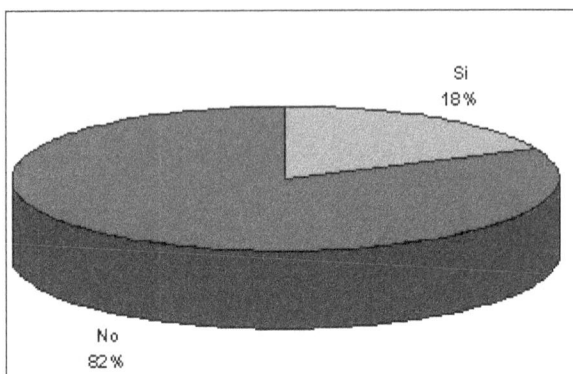

Figura 49 Ha trabajado en el extranjero. Fuente: elaboración propia.

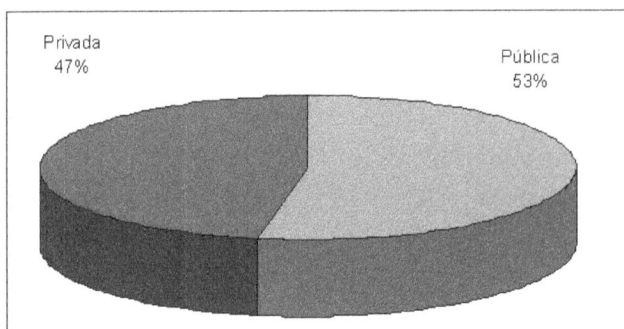

Figura 50 Tipo de Universidad de Origen (UNAM, IPN, ITESM, UVM, Anahuac, UdG, EBC, Ibero, UANL, otras). Fuente: elaboración propia.

4.2.1.2 Perfil de la organización

Con respecto a la organización en la que colabora los resultados fueron en resumen:

- Predomina la iniciativa privada
- Con enfoque a la innovación
- Proveen principalmente productos y servicios
- No tienen definidos planes de carrera para sus empleados
- Con una rotación máxima del 5% en el personal
- Con enfoque principalmente nacional en su comercialización, aunque seguido muy de cerca de un enfoque internacional
- Tiene una posición de mercado sostenible
- Están centralizados en su jerarquía y la mayoría son Pymes

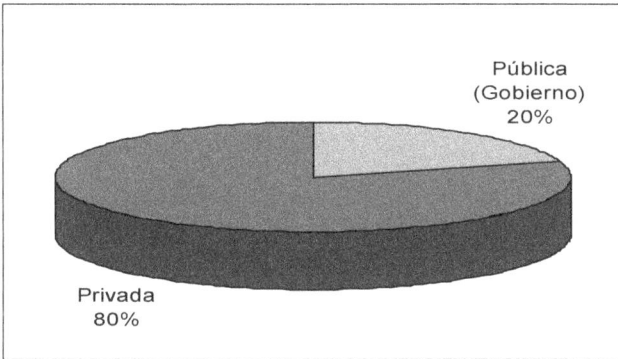

Figura 51 Tipo de organización. Fuente: elaboración propia.

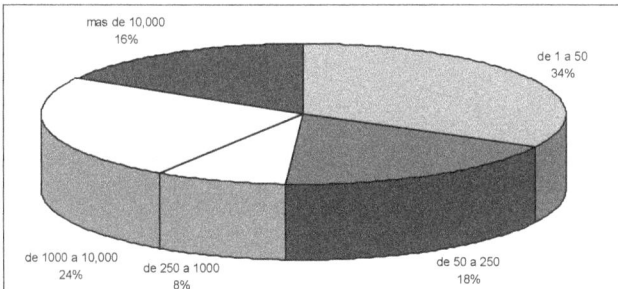

Figura 52 Cantidad de empleados en la organización. Fuente: elaboración propia.

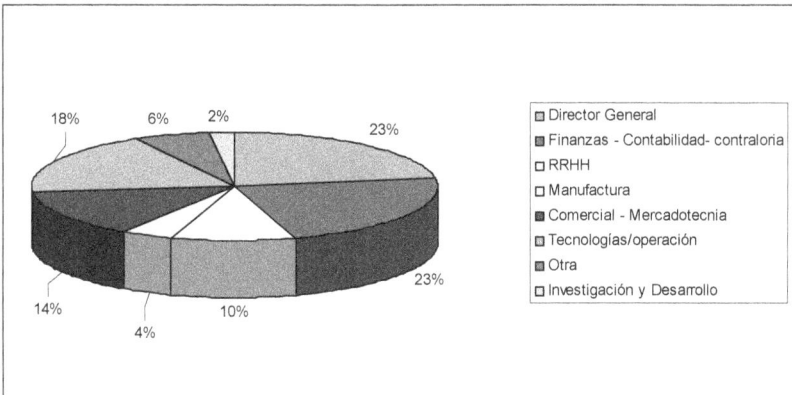

- ☐ Director General
- ☐ Finanzas - Contabilidad- contraloria
- ☐ RRHH
- ☐ Manufactura
- ☐ Comercial - Mercadotecnia
- ☐ Tecnologías/operación
- ☐ Otra
- ☐ Investigación y Desarrollo

Figura 53 Responsabilidad del encuestado en la organización. Fuente: elaboración propia.

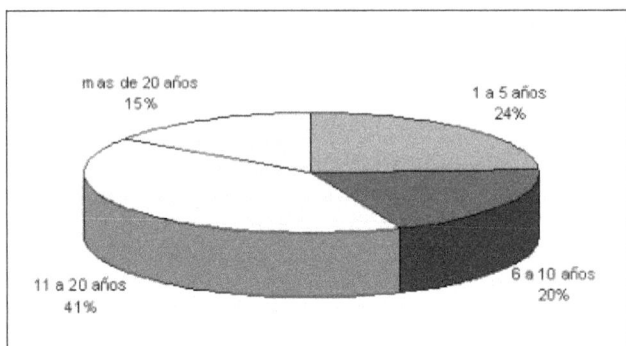

Figura 54 Experiencia a nivel ejecutivo del encuestado. Fuente: elaboración propia.

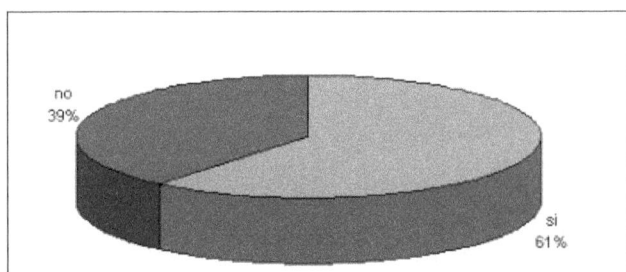

Figura 55 Colabora con gente de otros países. Fuente: elaboración propia.

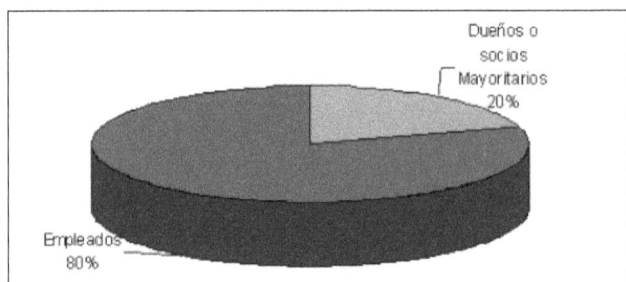

Figura 56 Relación con respecto a su organización. Fuente: elaboración propia.

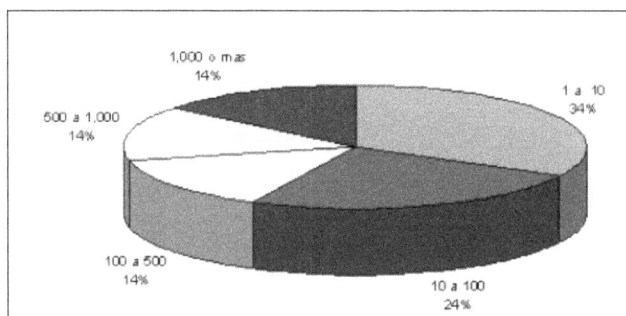
Figura 57 Ventas en millones de pesos en su organización. Fuente: elaboración propia.

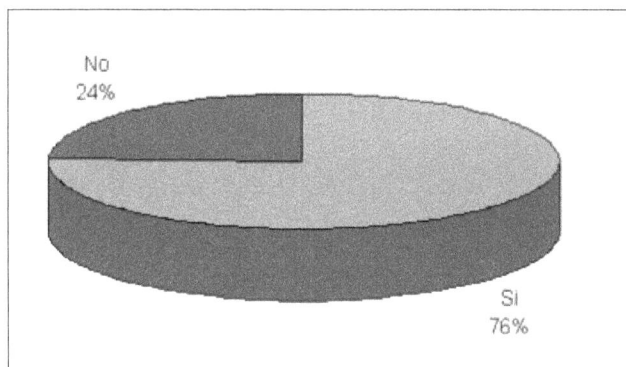
Figura 58 Es responsable de tomar las decisiones en su área a cargo. Fuente: elaboración propia.

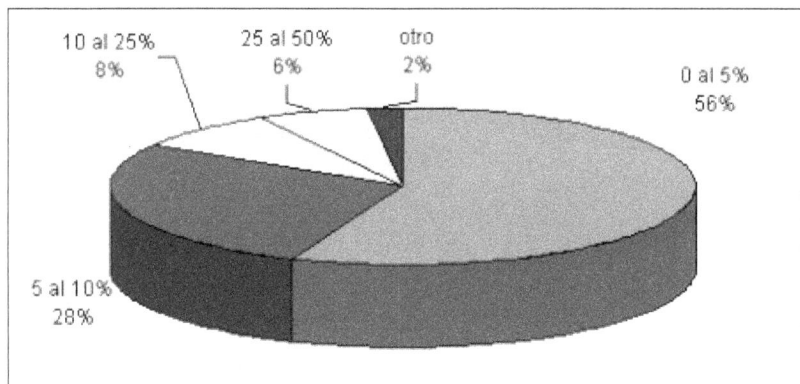

Figura 59 Nivel de rotación de empleados en su organización. Fuente: elaboración propia.

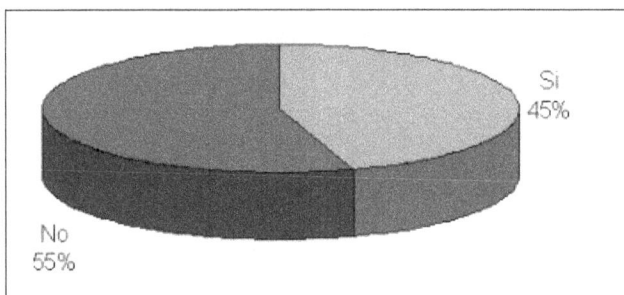

Figura 60 Su organización tiene definidos planes de carrera. Fuente: elaboración propia.

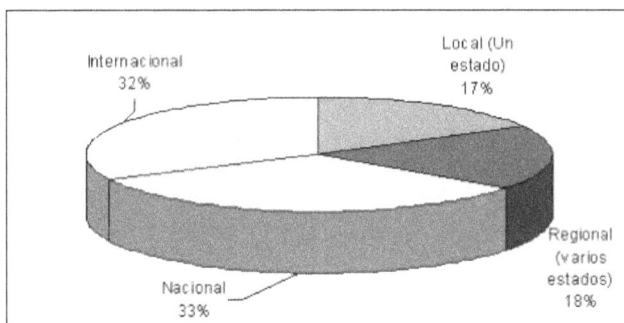

Figura 61 Mercados que atiende su organización. Fuente: elaboración propia.

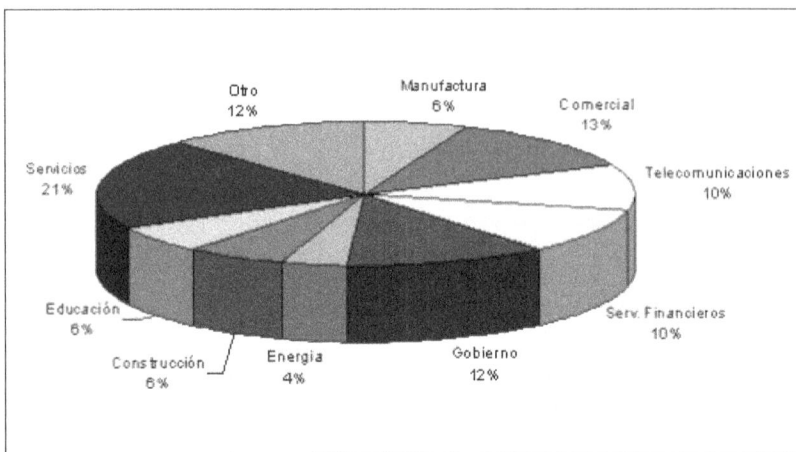

Figura 62 Vertical/ Giro de su organización. Fuente: elaboración propia.

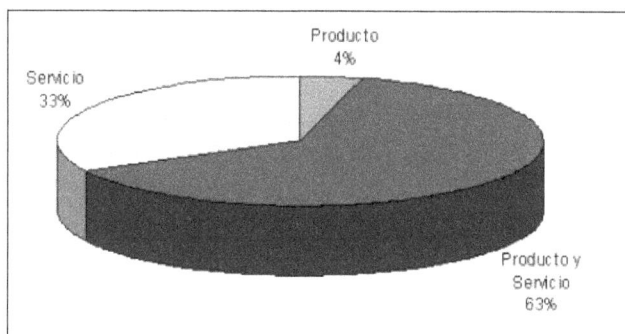

Figura 63 Complejidad del producto ó servicio ofrecido. Fuente: elaboración propia.

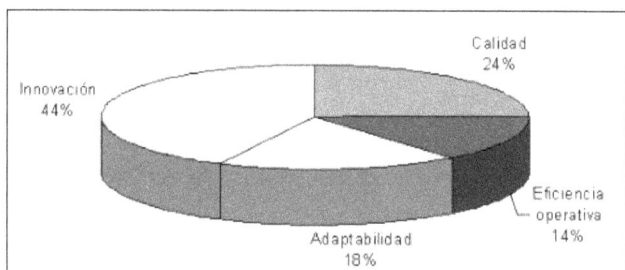

Figura 64 Enfoque competitivo de la organización. Fuente: elaboración propia.

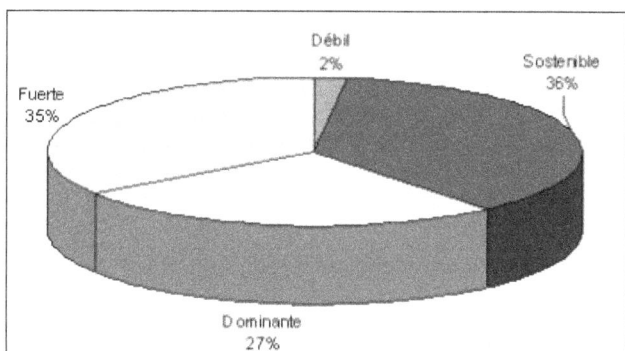

Figura 65 Posición de mercado. Fuente: elaboración propia.

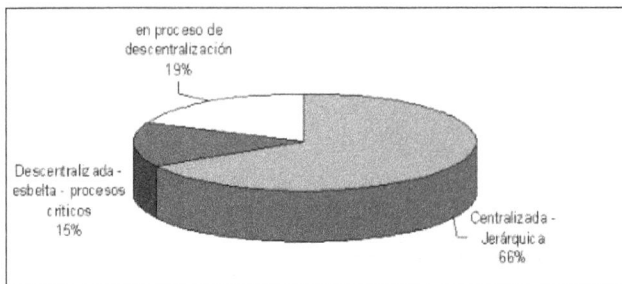

Figura 66 Enfoque organizativo. Fuente: elaboración propia.

4.2.1.3 Entendimiento / Intención

Las empresas encuestadas mostraron los siguientes puntos relevantes:

- Percibe que es el conocimiento y porque es valioso, sin embargo no saben cómo administrar el conocimiento
- Identifica la administración del conocimiento como una herramienta prioritaria para la competencia de nivel mundial
- A pesar del nivel escolar, hay poca identificación del capital intelectual

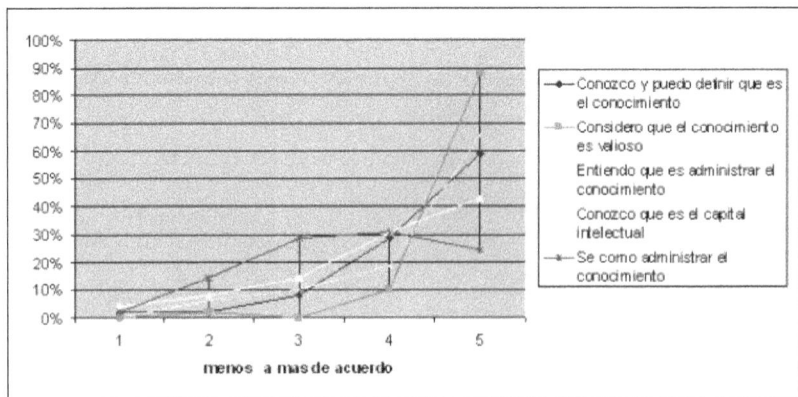

Figura 67 Entendimiento. Fuente: elaboración propia.

---

[45] Se utilizó escalamiento con el método de Likert, sobre cinco categorías

- La administración del conocimiento no está en la agenda de las organizaciones
- La causa principal es la falta de presupuesto
- El conocimiento lo manejan unos pocos en la organización.

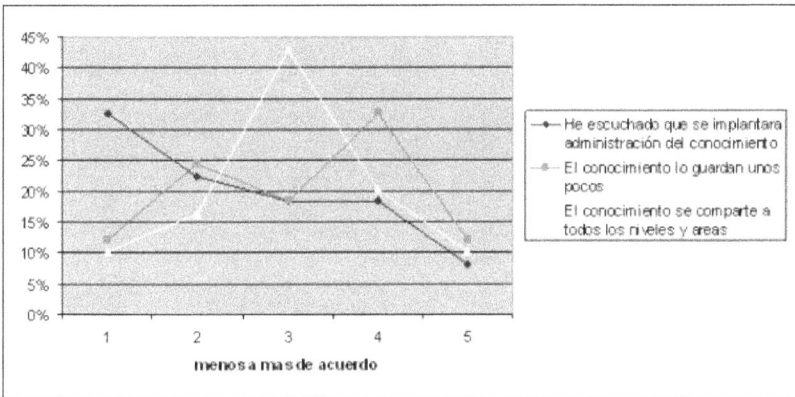

Figura 68 Intención Fuente: elaboración propia.

- Solo once ejecutivos mencionaron tener un proyecto real de administración del conocimiento, aunque diecisiete mencionaron tener iniciativas.
- La tendencia es que los proyectos de administración del conocimiento han tenido resultados menores a lo esperado, las causas tendencia son:
- Falta de marco de referencia o método (improvisación)
- No compartir la información como un equipo en la organización
- No tener la capacidad ó experiencia para instrumentarlo
- En los casos exitosos los principales beneficios son:
- Mejor calidad y menores y más cortos ciclos de producción

4.2.1.4 Colaboración

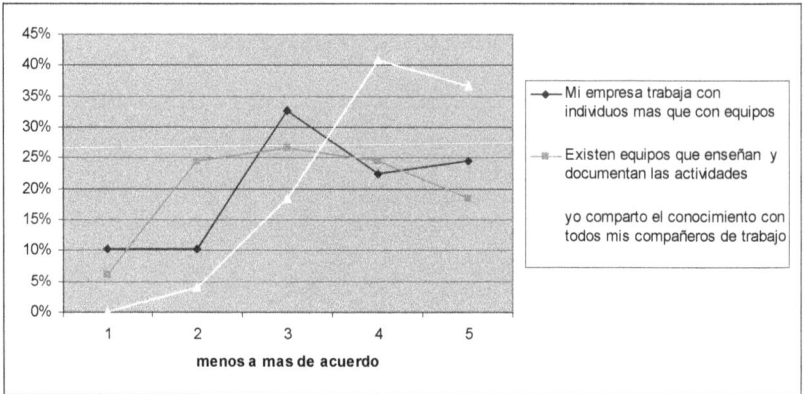

Figura 69 Colaboración. Fuente: elaboración propia.

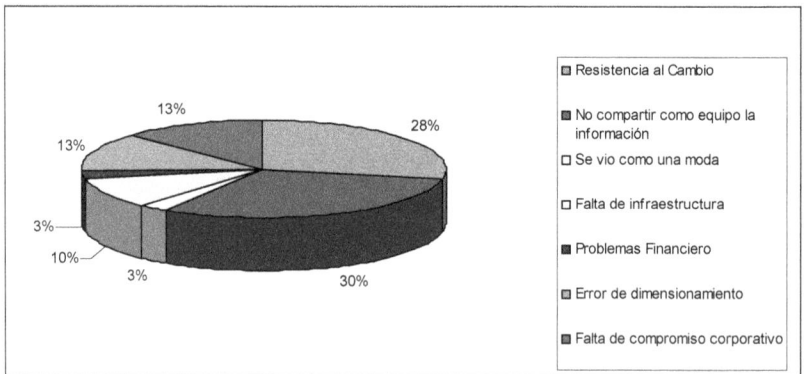

Figura 70 Problemas al instrumentar la administración del conocimiento. Fuente: elaboración propia.

4.2.1.5 Resultados

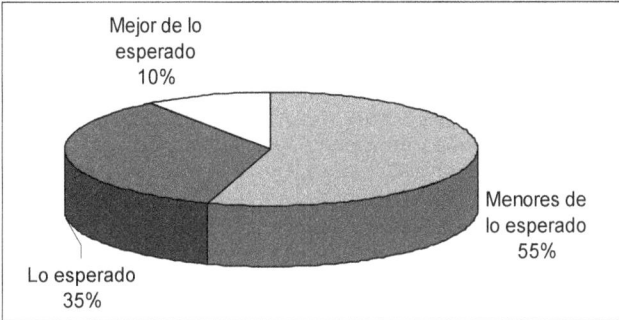

Figura 71 Resultado obtenido después de instrumentar admón. del conocimiento. Fuente: elaboración propia.

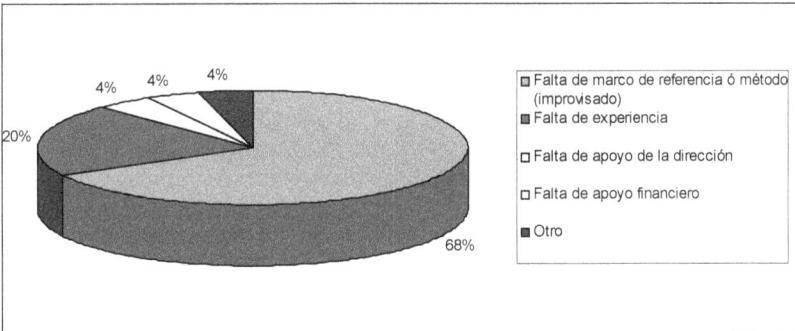

Figura 72 Causas de la falla de la instrumentación de la admón. del conocimiento. Fuente: elaboración propia.

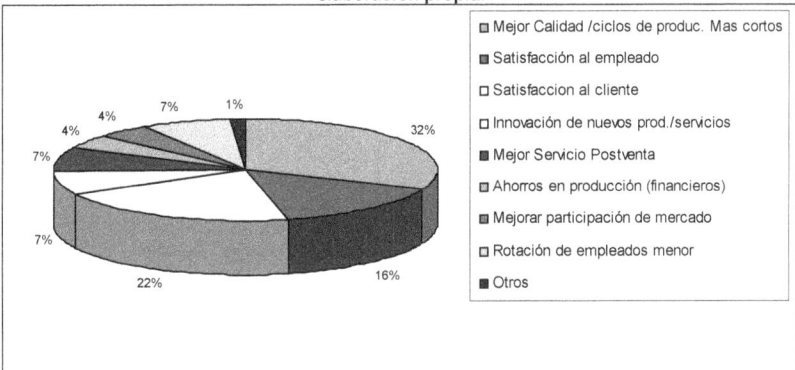

Figura 73 Beneficios obtenidos de la admón. del conocimiento. Fuente: elaboración propia.

4.2.1.6 Visión futura / práctica

En su visión a futuro y en la práctica las empresas lo ven como:

- Es una actividad prioritaria para ser una organización de clase mundial
- Apoyará a la identificación y transmisión de mejores prácticas
- Apoyará a tener una organización basada en conocimiento y que aprende
- Mantener sistemas de capital humano
- Crear comunidades de aprendizaje y práctica
- No consideran tener un encargado de la administración del conocimiento en su organización de alto nivel, pero, si llevan a cabo las iniciativas buscarán apoyo externo de especialistas

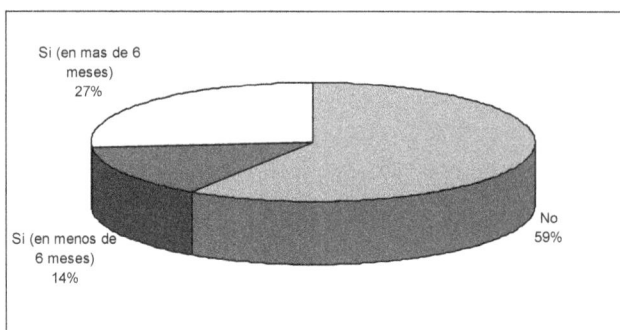

Figura 74 Pretende Instrumentar una admón. del conocimiento en su organización. Fuente: elaboración propia.

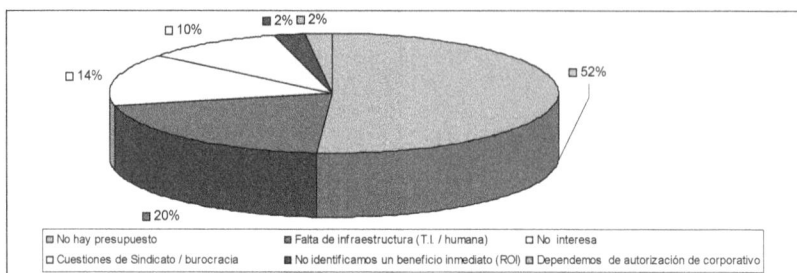

Figura 75 Si no pretende instrumentar admón. del conocimiento, ¿Cuál es la razón que considera más apropiada? Fuente: elaboración propia.

Iniciativa que considera iniciar para administrar el conocimiento	Preferencia
Identificación y transmisión de mejores prácticas	53%
Empresa basada en conocimiento	50%
Organización que aprende	46%
Sistemas de Capital Humano	42%
Comunidades de Aprendizaje y Práctica	36%
Memoria Organizacional	33%
Sistemas para visualizar el conocimiento	33%
Migración de conocimiento tácito a implícito	29%
Sistemas informáticos para ingestar y distribuir el conocimiento y experiencia	28%
Sistema de inteligencia de Negocio (no reporteadores)	26%
Sistema de remuneración basado en conocimiento	21%

Tabla 14 Preferencia de soluciones basadas en administración del conocimiento. Fuente: elaboración propia.

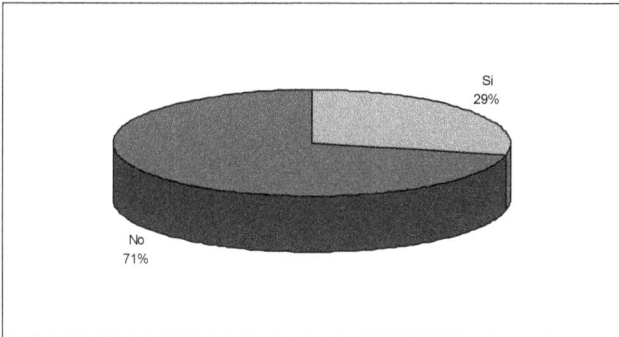

Figura 76 ¿Está considerando crear un puesto de alto nivel encargado de la administración del conocimiento, en su organización? Fuente: elaboración propia.

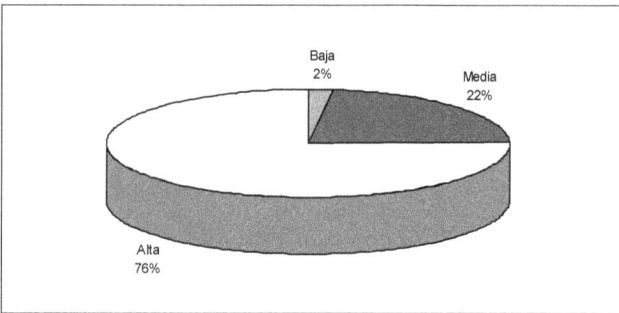

Figura 77 ¿Cuál es la prioridad que considera deben tener las organizaciones de clase mundial ante la globalización y ambiente de negocio actual, con respecto a la admón. del conocimiento? Fuente: elaboración propia.

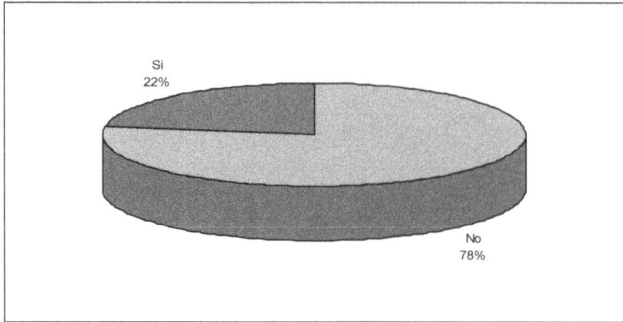

Figura 78 ¿Tiene una solución real de administración del conocimiento en su organización hoy día? Fuente: elaboración propia.

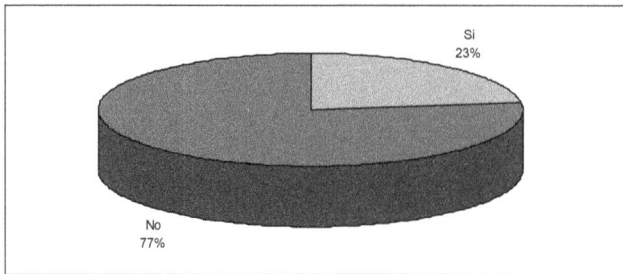

Figura 79 ¿Considera tener la capacidad / experiencia para instrumentar una administración del conocimiento en su organización? Fuente: elaboración propia.

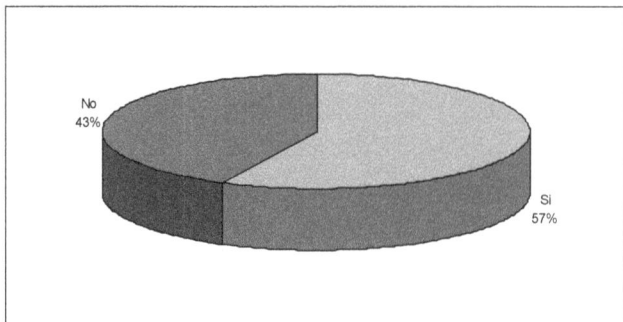

Figura 80 ¿Está contemplando obtener apoyo externo si elabora una iniciativa de admón. del conocimiento? Fuente: elaboración propia.

Otras tendencias, con análisis estadístico de tendencias tenemos los siguientes resultados por racimos:

De las organizaciones de más de 10,000 empleados:
- Mas del 75% documenta sus procesos
- Venden servicios y productos y tienen posición dominante en el mercado
- Se diferencian por innovación
- El 80% documenta sus actividades para que todos aprendan y no ser indispensable
- La administración del conocimiento es de alta prioridad.
- El 50% cuenta ya con una estrategia ó implementación de administración del conocimiento
- La rotación promedio máxima es del 5% y son egresados principalmente de escuelas privadas.

De las organizaciones de 1,000 a 10,000 empleados
- La rotación promedio es del 20% y son egresados principalmente de escuelas públicas
- El promedio de documentación de procesos es del 45%
- Venden productos y servicios y tienen una posición fuerte en el mercado
- Se diferencian por calidad
- Pretenden implementar administración del conocimiento en los próximos 6 meses y es de alta prioridad

En las organizaciones de 50 a 1000 empleados
- La rotación promedio es del 13%
- El promedio de documentación de procesos es del 50%
- Venden servicios principalmente y su posición es sostenible
- Se diferencian por innovación
- No pretenden instrumentar administración del conocimiento, aunque lo consideran de alta prioridad por falta de presupuesto

En las organizaciones de 1 a 50 empleados
- La rotación promedio es de 8%
- Solo el 10% de las organizaciones documentan los procesos.
- Venden productos y servicios primordialmente y su posición es sostenible
- Se diferencian por eficiencia operativa (precio) y flexibilidad al cliente
- No consideran instrumentar administración del conocimiento, principalmente por falta de presupuesto
- Consideran a la administración del conocimiento como de alta prioridad

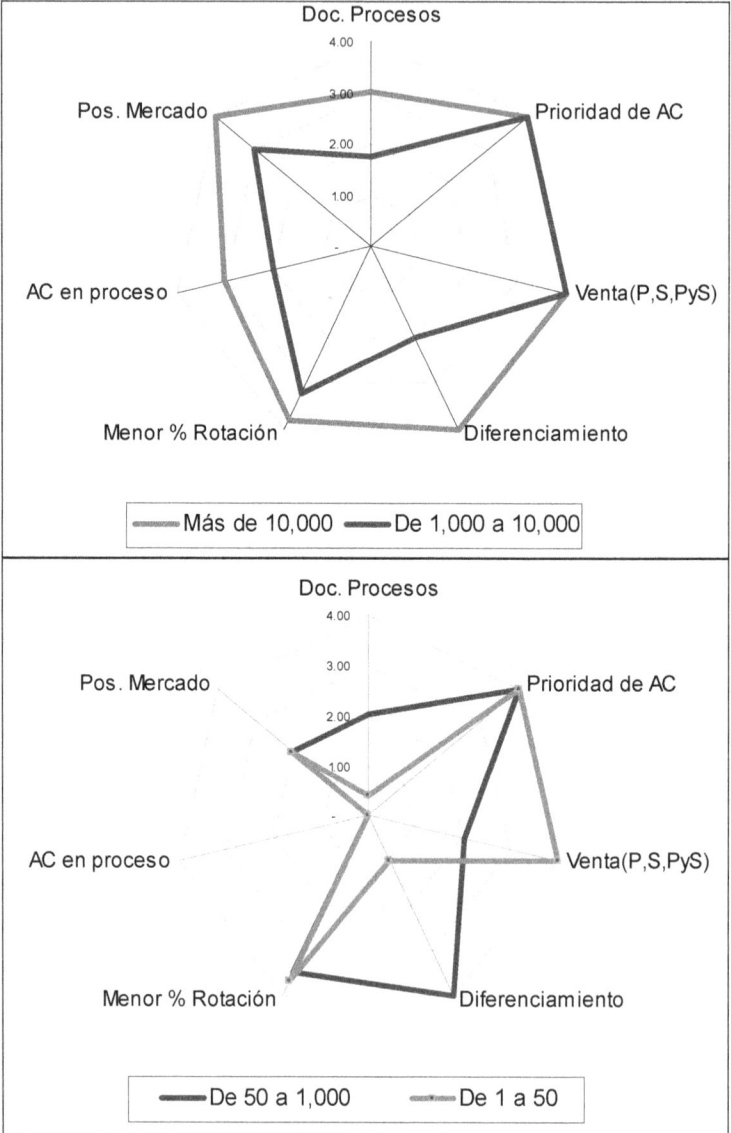

Doc. Procesos

Pos. Mercado — Prioridad de AC

AC en proceso — Venta(P,S,PyS)

Menor % Rotación — Diferenciamiento

═══ Más de 10,000 ═══ De 1,000 a 10,000

Doc. Procesos

Pos. Mercado — Prioridad de AC

AC en proceso — Venta(P,S,PyS)

Menor % Rotación — Diferenciamiento

═══ De 50 a 1,000 ═══ De 1 a 50

Figura 81 Principales tendencias por tamaño de empresa. Fuente: elaboración propia.

Como puede notarse en las gráficas para todas las organizaciones la administración del conocimiento es de alta prioridad, sin embargo en las de PYMES tiene poca tendencia a siquiera instrumentarla, a pesar de tener la posición de mercado más débil

Las empresas de 50 a 1,000 empleados son candidatas a la administración del conocimiento dado que buscan diferenciarse por valor, y como tendencia no tienen una administración del conocimiento en proceso a pesar de tener una mediana documentación de procesos.

Definitivamente las empresas que más valor ven y ocupan a la administración del conocimiento son:
* Los grandes corporativos ó instituciones gubernamentales

Uno de los segmentos que menos ha explotado su capacidad de documentación de procesos son las empresa de 50 a 1,000 empleados, mismas que son candidatas a instrumentar la administración del conocimiento para mantener su diferenciamiento, cuya tendencia es a la innovación, además de que están con tendencia a brindar servicios, una de las más demandantes actividades de uso de conocimiento.

4.3 Comprobación de la Hipótesis 1

Después de analizar los datos de la muestra transeccional, podemos confirmar que la administración del conocimiento si tiene un bajo nivel de aplicación y desarrollo:
* Las empresas entre 50 y 1000 empleados no tienen hoy día procesos de Administración del conocimiento
* La tendencia indica que para todas ellas la administración del conocimiento es una prioridad y sin embargo
* Estas empresas tienen una posición sostenible en el mercado.
* Solo las grandes organizaciones gubernamentales tiene un proyecto de administración del conocimiento (particularmente las de más de 10,000 empleados) vivo hoy día, sin embargo menos de la mitad han obtenido resultados que consideran de provecho.

4.4 Comprobación de la Hipótesis 2

Como se observa también en los datos arrojados de la encuesta, la tendencia marca que no se tiene un modelo localizado de administración del conocimiento, particularmente el análisis en dos preguntas nos indican que las principales causas de falla de quien ha intentado instrumentar una administración del conocimiento es el no tener un método o marco de referencia, y prácticamente procurarán apoyarse, quienes pretenden llevar a cabo la iniciativa, en expertos externos.

4.5 Propuesta de Modelo ADSA para la administración del conocimiento

Dados los resultados anteriores y el marco teórico que sirven como antecedente, a continuación se presenta un modelo que tiene como objetivo el facilitar a las organizaciones el manejo y administración del conocimiento, sea cual fuere su proyecto de aplicación, este modelo ha sido ya instrumentado en un par de empresas mexicanas, y están en el proceso de ser liberadas a producción, sin haber sido el objetivo de esta tesis el mostrar los resultados de estas dos organizaciones, si podemos mencionar que el utilizar este modelo facilitó la adopción, y suministró muestra de resultados de manera muy rápida.

El objetivo de administrar el conocimiento puede variar de organización a organización, sin embargo si se considera pertinente el poder medir y evaluar si llevar a cabo este cambio en la organización aportará algún valor mesurable[46], la recomendación es que cualquier evaluación debe tener un retorno a la inversión positivo, de otra manera se convierte en una iniciativa de moda o manera de invertir el tiempo sin beneficio.

El modelo está dividido en cuatro fases bien delimitadas que son:
- Análisis
- Diseño
- Solución
- Apreciación

Cada una de estas fases tiene una razón lógica, siempre alineadas con el requerimiento de negocio, de la organización o aporte de valor. Mostraremos en la figura siguiente el modelo completo para proceder a describir cada uno de sus fases.

---

[46] Cf. Albert Einstein. "El conocimiento es experiencia, todo lo demás es sólo información"

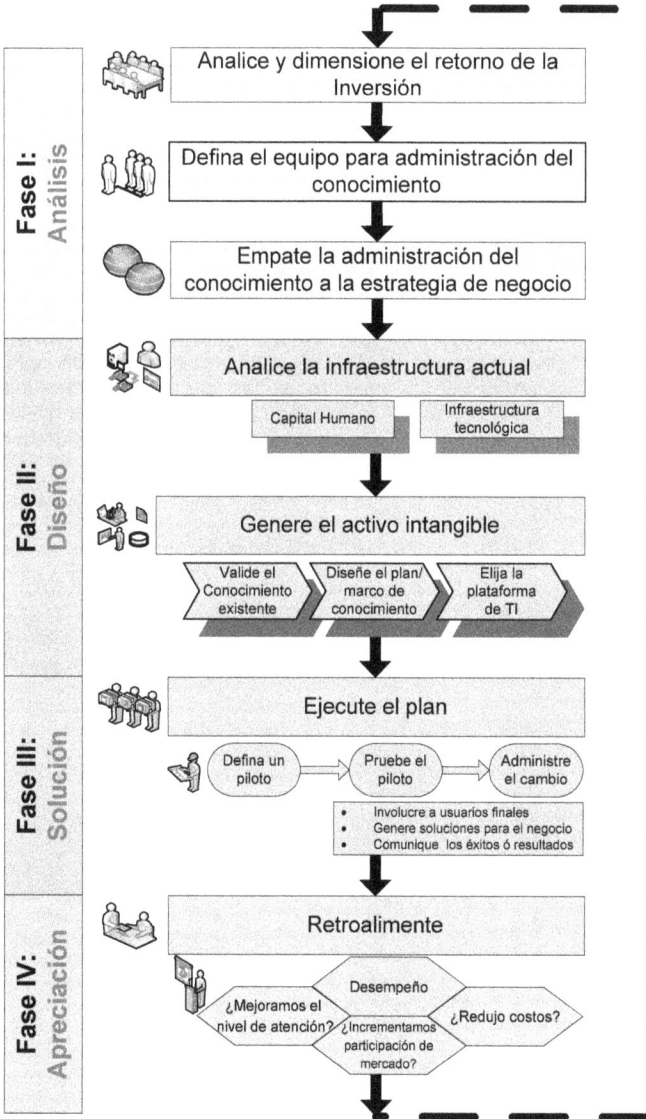

Fase I: Análisis
- Analice y dimensione el retorno de la Inversión
- Defina el equipo para administración del conocimiento
- Empate la administración del conocimiento a la estrategia de negocio

Fase II: Diseño
- Analice la infraestructura actual
  - Capital Humano
  - Infraestructura tecnológica
- Genere el activo intangible
  - Valide el Conocimiento existente
  - Diseñe el plan/ marco de conocimiento
  - Elija la plataforma de TI

Fase III: Solución
- Ejecute el plan
  - Defina un piloto
  - Pruebe el piloto
  - Administre el cambio
  - • Involucre a usuarios finales
  - • Genere soluciones para el negocio
  - • Comunique los éxitos ó resultados

Fase IV: Apreciación
- Retroalimente
  - Desempeño
  - ¿Mejoramos el nivel de atención?
  - ¿Incrementamos participación de mercado?
  - ¿Redujo costos?

Figura 82 Modelo ADSA. Derechos Reservados ®

Es importante recordar y tener en la mente de cualquiera que desee instrumentar una solución de administración del conocimiento, debe saber lo que no es[47]:

- No es ingeniería del conocimiento, es un problema de negocio y necesita apoyo de áreas de tecnología pero aun mas de la dirección
- No es un sistema de tecnología, es un proceso, debe ser utilizada la administración del conocimiento para mejorar un proceso de negocio, la tecnología es solo un habilitador.
- No es crear una intranet mejor navegable y más visual.
- No es una inversión de una sola ocasión, requiere atención y evaluación continua y permanente
- No es un repositorio de administración de contenido, más allá de eso se pretende de entregar el conocimiento adecuado a la gente adecuada en el tiempo adecuado.
- No es un data warehouse (DWH) ó data mart (DM) con información no estructurada, aunque puede inferir que son primos políticos lejanos de la administración del conocimiento, la historia nos presenta que un DWH falla en un 50% al mantenerse como una iniciativa de tecnología y en su lento aporte de valor a la empresa y como una herramienta que mejora la calidad de los datos y su mejora el acceso a los mismos datos estructurados.

---

[47] Cf. Tiwana Amrit. The Knowledge Management toolkit. P 8

4.5.1   Fase I. Análisis

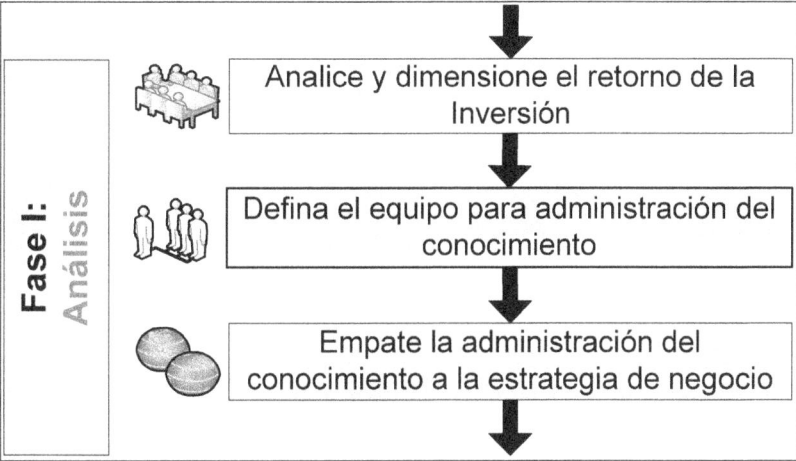

Figura 83 Fase I Modelo ADSA®: Análisis. Fuente: elaboración propia

En esta fase debemos tener al menos la idea de que queremos lograr con nuestro proyecto, de tal manera que podamos evaluar un Retorno de la Inversión (ROI), como se comentó en capítulos anteriores, este ROI se considera el punto de inicio para que ocupe este modelo.

El retorno de la inversión debe ser positivo:

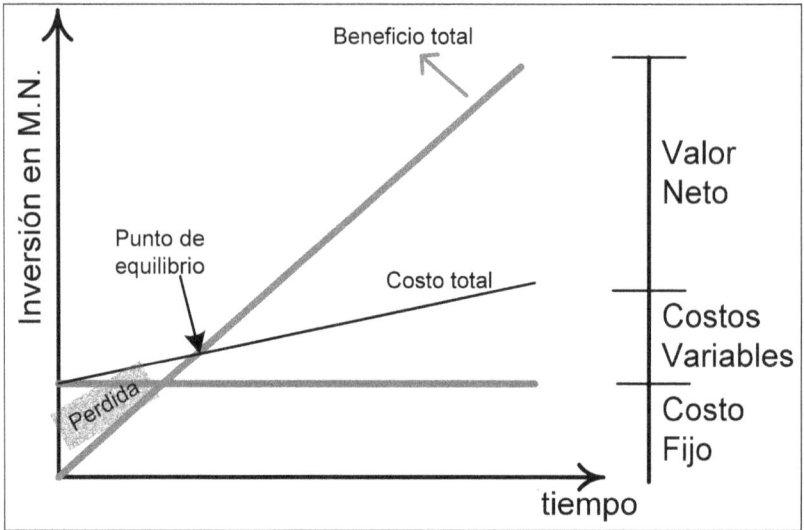

Figura 84 Costos y valor generado por una inversión en Administración del conocimiento. Fuente: elaboración propia

La instrumentación de una administración del conocimiento involucra un costo fijo, que consta de la infraestructura (humana y tecnológica) encargada de operarla y de un costo variable conforme pasa el tiempo (mantenimiento, entrenamiento, entre otros), el punto de equilibrio se logra cuando se inicia a aportar un valor a la organización, ya sea por la generación de nuevos productos, servicios o el ahorro de procesamiento de información.

El ROI es más una medida multivariable, que para nuestro modelo involucramos tres áreas, la humana, la tecnológica y la de cultura organizacional, ya que la combinación de estas permite tener un ROI mas rápido, en la siguiente figura mostramos como poder visualizar esta valoración.

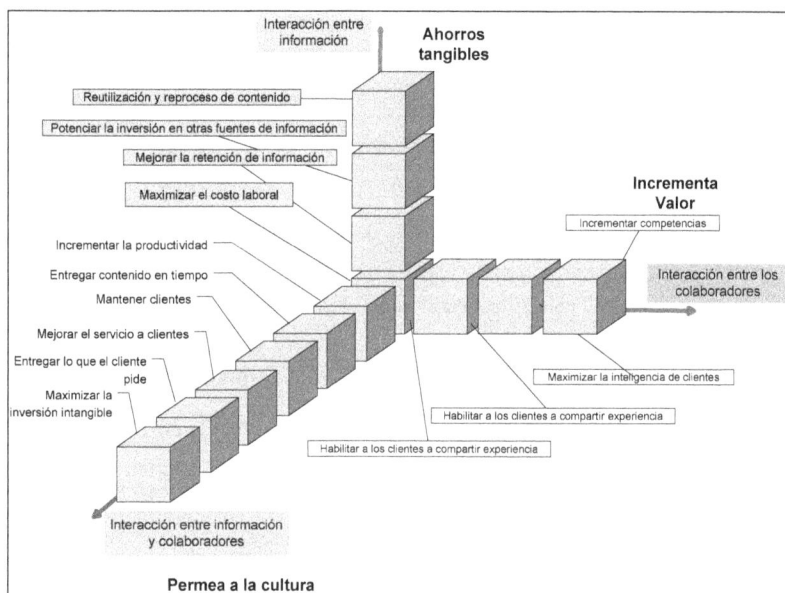

Figura 85 Retorno de Inversión, creación de valor y ejecución. Fuente: elaboración propia

Para iniciar la validación debemos comenzar por contestar las siguientes preguntas para nuestro proyecto:

Pregunta	Sobre	Descripción
Que…	Se quiere hacer	Cuál es la naturaleza de este proyecto
Por qué	Se quiere hacer	Origen y fundamentación
Para que	Se quiere hacer	Objetivos y propósito
Cuanto	Se quiere hacer	Metas
Donde	Se quiere hacer	Lugar físico
Como	Se quiere hacer	Actividades y tareas
A quienes	Va dirigido	Quienes son los beneficiarios o destinatarios
Quienes	Lo van a hacer	Los recursos humanos
Con qué	Se va a costear	Los recursos financieros y materiales

Tabla 15. Preguntas iniciales para validar la conveniencia del proyecto. Fuente: elaboración propia

Para dimensionar cual puede ser el costo debemos aplicar las siguientes preguntas

Variable	Descripción	Unidad en
π	Número de personas a beneficiar	hombre
μ	Número de horas de trabajo al día	Horas/día
κ	Número de días laborables a la semana	Día/semana
ρ	Semanas laborables al año	Semanas/año
α	Costo de hora hombre de clasificar/categorizar datos ó información	Pesos/hora. hombre
β	Costo de hora hombre de buscar datos ó información	Pesos/hora. hombre
δ	Costo de hora hombre de documentar procesos o información	Pesos/hora. hombre
χ	Ahorro estimado al año	Pesos/año

Tabla 16 Variables a considerar en la evaluación. Fuente: elaboración propia

Costo estimado = x

$$x = (\mu \kappa \rho)(\pi \beta + \pi \alpha + \pi \delta)$$

Ejemplo:

Supongamos que somos una empresa farmacéutica en la cual colaboran 58 personas en un proyecto de investigación de una nueva droga por un año, donde se labora al año 48 semanas, con 40 horas a la semana, y jornadas de 8 horas al día, sin considerar horas extras. Tenemos tres niveles de colaboradores en este proyecto, a) 7 investigadores químico fármaco biólogos, b) 21 asistentes c) 30 laboratoristas, cuyo costo por hora es de: $556, $194.50 y $111 pesos respectivamente, si se razona que se invierte en promedio 1 horas al día en localizar la información adecuada el investigador y 1.5 horas los laboratoristas, y 1 horas en categorizar los datos e información los asistentes, ¿Cuál es el ahorro que pudieran obtener al utilizar una administración del conocimiento?

Variable	Descripción	Unidad en
π	Número de personas a beneficiar	58 (7,21, 30)
μ	Número de horas de trabajo al día	8
κ	Número de días laborables a la semana	5
ρ	Semanas laborables al año	48
α	Costo de hora hombre de categorizar datos ó información	194.50
β	Costo de hora hombre de buscar datos ó información	556, 111

Tabla 17 Ejemplo de cálculo de variables.

Al ocupar la fórmula propuesta

$$x = (\mu \kappa \rho)(\pi \beta + \pi \alpha + \pi \delta)$$

Y sustituyendo valores:

$$x = [(8)(5)(48)][(194.5*1.5*21)+(556*1*7)+(111*1*30)]$$

X= $25,629,600.00 pesos / año

Como podrá observarse este monto intangible en la operación de la empresa, puede mejorarse con la administración del conocimiento, si este monto es mayor a la inversión de una solución de administración del conocimiento, es factible de iniciarse el proyecto.

4.5.1.1 Defina el equipo para administración del conocimiento

El equipo de administración del conocimiento es uno de los puntos clave a cuidar en todo proyecto, y debe estar conformado por los interesados e influenciados en un proyecto de este tipo, generalmente el equipo está constituido por:

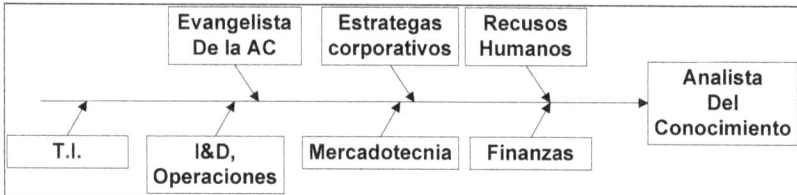

Figura 86 Estructura de equipo de administración del conocimiento. Fuente Amrit Tiwana

La mejor manera es tener un equipo multidisciplinario, el cual debe ser representativo de su área, no necesariamente el gerente o director, el cual deberá ser parte del equipo por todo el proceso de instrumentación.

Seleccione un líder de proyecto con experiencia, pero sobre todo con visión, debe tener más un perfil de facilitador, el cual debe buscar continuamente estar alineado con la estrategia corporativa. Aquí conviene aplicar el modelo de equipo de virtual de alto desempeño mencionado anteriormente. Como sugerencia el líder en la medida de lo posible no debe ser un miembro de áreas de tecnología

El equipo debe estar siempre balanceado, estos equipos se mueven en tres dimensiones:
- Dimensión de conocimiento del negocio
- Dimensión de competencia técnica
- Dimensión de Competencia social

Y siempre debe tener el apoyo de la dirección o alta gerencia, si no se tiene este apoyo, hay gran probabilidad de fracasar en el proceso. A este patrocinador le llamaremos el campeón de administración del conocimiento, y siempre debe ser de la alta gerencia.

Si va a involucrar a un consultor externo, el rol debe de ser el de facilitador, no de líder de proyecto, y debe procurar tener siempre documentado y firmado un contrato de confidencialidad.

Características de los miembros del equipo de AC
Deben tener experiencia en su área de origen
Deben tener las competencias con su área de origen
Pueden trabajar tiempo parcial o completo en este proyecto
Deben poder cruzar fronteras funcionales de trabajo y relacionarse con otras áreas
Deben creer en el proyecto
Características del facilitador (líder) del equipo de AC
Debe tener credibilidad
Debe tener el nivel suficiente de autoridad y manejo de recursos
Debe mantenerse y no cambiarse
Debe saber como facilitar, y resolver conflictos
Debe reportar directamente o ser parte de la alta gerencia
Debe tener experiencia en proyectos complejos y/o en varios roles en la organización
Debe hacer la labor de un líder de proyecto (administrar, calendarizar y coordinar)

Tabla 18 Características esenciales de un equipo de administración del conocimiento. Fuente: elaboración propia.

De acuerdo a la visión de la organización, se puede o no crear el rol de gerente, o facilitador de la administración del conocimiento, o CKO por sus siglas en inglés. Si su organización es de más de 1500 colaboradores es conveniente asignar este rol, si es una PYME no es necesario y un miembro de la alta gerencia puede tomar este rol.

Los criterios una vez seleccionados los miembros del equipo de administración del conocimiento deben ser:

Rol / Función	Patrocinador Directivo	Facilitador, líder, CKO	Analistas de Negocio	Arquitectura de TI	Mentores	Instaladores
Conocimiento del negocio	Alto	Alto	Alto	Bajo	Medio	Bajo
Habilidades técnicas necesarias	Bajo	Medio	Medio	Alto	Medio	Alto
Relación interpersonal	Alto	Alto	Medio	Medio	Alto	Bajo
Foco en el tiempo	Presente y futuro	Presente y futuro	Futuro	Futuro	Futuro	Presente
Estrategia de motivación	Si	Si	Si		Si	
Gusto por la tecnología				Si		Si

Tabla 19 Criterios para elegir a los miembros de un equipo de administración del conocimiento. Fuente: elaboración propia.

4.5.1.2 Empate la administración del conocimiento a la estrategia del negocio.

Tener una creatividad sin estrategia puede ser un arte, una creatividad con estrategia es un buen diseño. La mejor manera de iniciar este punto es con una visión estratégica y una clara definición de que conocimiento es crítico para su organización.

La estrategia del negocio puede describirse en diferentes variedades[48], para responder a un requerimiento de mercado:
*   Flexibilidad operacional: a través de integración inter funcional
*   Flexibilidad estratégica: a través de integración intra funcional
*   Flexibilidad estructural: a través de la transferencia de conocimiento
*   Estabilidad: Compartir funciones

Para poder alinear el conocimiento a la estrategia podemos categorizar el conocimiento de las organizaciones en tres tipos [Zack, 1999]:

*   Conocimiento base: es el conocimiento requerido para poder operar la organización. Es la barrera de entrada para posibles nuevos competidores y todos los competidores actuales saben que lo tiene.
*   Conocimiento avanzado: es el conocimiento que hace a la organización viable de ser competitiva, es lo que permite diferencia un producto o servicio de un competidor bajo el argumento de aplicar un conocimiento superior en ciertas áreas
*   Conocimiento innovador: es el que permite a la organización liderar en su industria o segmento y que da una clara diferencia de sus competidores

Recordemos que el conocimiento no es estático, a continuación mostramos un mapa de conocimiento que nos permitirá evaluarlo en nuestra organización:

---

[48] Rf. Volberda H. (1996). Toward the Flexible Form: how to remain vital in hypercompetitive environments. Organization Science, Vol. 7, No. 3. pp 359-374.

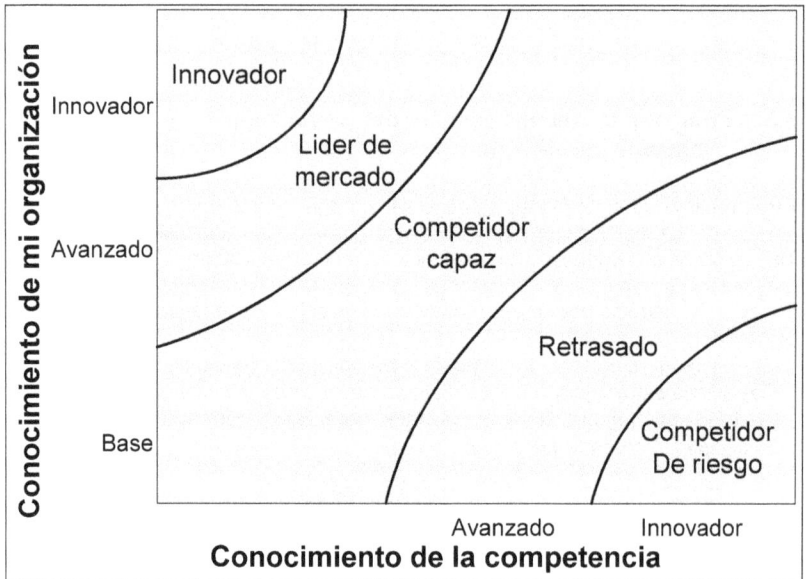

Figura 87 Mapa de conocimiento. Fuente Michael Zack,1999.

Un modelo de negocio puede ser ideado como un plan claramente articulado para agregar valor a nuestra organización al emplear el conocimiento como una serie de recursos que derivarán en productos o servicios. Según el tipo de modelo de negocio se puede utilizar una diferente manera de instrumentarse desde el punto de vista tecnológico.

	Viejo	Nuevo
Nuevo	**Estrategia**: Transferencia de conocimiento **Foco**: Adquisición de habilidades	**Estrategia:** Integración de conocimiento **Foco:** Nuevos dominios y técnicas de conocimiento
Viejo	**Estrategia:** Transferencia de conocimiento **Foco:** Codificación y diseminación	**Estrategia:** Integración de conocimiento **Foco:** Nuevos dominios de conocimiento

Tecnología habilitadora

Modelo de negocio

Figura 88 Posibles cambios/elecciones estratégicos de modelos de negocio y tecnología. Fuente Amrit Tiwana

Para alinear el conocimiento y la estrategia de negocio deben considerarse cuatro grandes rubros:

- El ecosistema o mercado donde se encuentra (no importa si es un monopolio, incluso ahí debe buscar a su competidor) para encontrar
  - Oportunidades técnicas
  - Controles regulatorios
  - Amenazas competitivas

- El contexto estratégico, que nos brinda una barrera de expresión.
  - El cual identifica mis productos o servicios
  - El mercado y los clientes que tengo
  - Con que recursos cuento

- La estrategia de administración del conocimiento, nos da una barrera de especificación
  - ¿Cuál es mi ventaja competitiva?
  - Como he mapeado el conocimiento en mi organización
  - ¿Cuál es el rol de la innovación?
  - Como influye mi área de tecnologías de la información

- La tecnología misma de administración del conocimiento, nos genera una barrera de instrumentación.
  - Inversiones en infraestructura
  - Riqueza colaborativa de mi organización

El ambiente de mercado impacta directamente sobre el contexto estratégico, sobre la estrategia de administración del conocimiento y sobre la tecnología de la administración del conocimiento.
El contexto estratégico influencia la tecnología de administración del conocimiento que a su vez habilita al contexto.
La tecnología de administración del conocimiento habilita a la estrategia , la cual a su vez alinea a la tecnología.
El contexto estratégico dirige lo que es la estrategia de administración del conocimiento.

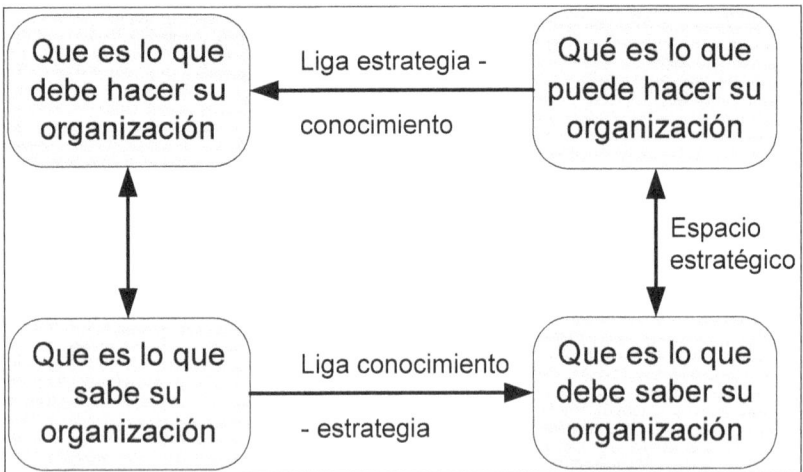

Figura 89 Análisis estratégico del conocimiento. Fuente: Michael Zack

Las preguntas claves para iniciar la alineación de la estrategia a la administración del conocimiento que deben contestar al menos son:
- Al usar y compartir el conocimiento que hoy día tenemos, ¿Podemos reducir costos, mejorar el servicio al cliente, a los empleados, mejorar márgenes?[49]

---

[49] Esta información no solo es de áreas financieras, la riqueza mayor se encuentra en los colaboradores con contacto directo con cliente, es importante involucrarlos para obtener la mayor información directa.

- ¿Qué sabemos o creemos saber de nuestros clientes? ¿Se hace algo hoy día con esa información?[50]
- ¿Cómo podemos transformar el conocimiento en una iniciativa que agregue valor a los mercados en los cuales competimos?
- ¿Cómo podemos crear conocimiento con sentido, en vez de solo distribuir información indiscriminadamente?[51]
- ¿Cómo podemos crear una organización que contribuya a la generación de conocimiento de tal manera que este sirva de soporte a la misma dentro de la cultura organizacional?
- El conocimiento con el que hoy contamos, ¿Podemos transferirlo a otras unidades de la organización?[52] ¿Lo pueden aprovechar?
- ¿Hemos detectado algún error que consideramos que impacte a la organización, de procedimiento o de política? ¿Cómo podemos ajustarlo dinámicamente?
- ¿Cómo debemos motivar a nuestros colaboradores en ser participes y usuarios de compartir datos-información-conocimiento con sus compañeros?
- Sabemos respetar la confidencialidad
- Están conscientes que el proyecto de administración del conocimiento debe ser puesto con un foco en el futuro[53].

---

[50] Generalmente esta información esta en las iniciativas de data Warehouse, inteligencia de negocio, data mart, minería de datos, estudios analíticos.
[51] Las intranets ó extranets es un tanto complicado que puedan aportar un valor real a la organización si no se puede encontrar o distribuir lo importante en el momento preciso, se convierte en el correo electrónico corporativo que después de un tiempo pocos hacen caso.
[52] Este conocimiento se refiere para un impacto inmediato, información de clientes o empleados, por ejemplo, dado que el personal de servicio puede dar mucha información a áreas de ventas, pero a su vez a áreas de cobranza, todos tienen la información, pero no necesariamente colaboran o comparten este conocimiento.
[53] Las áreas de tecnología manejan el presente, el archivo el pasado.

4.5.2 Diseño

Una vez analizado si el proyecto de administración del conocimiento es viable, corresponde hacer el diseño.
Para poderlo llevar a cabo es necesario analizar los componentes de tecnología adecuados que permitan encontrar, crear, ensamblar y aplicar el conocimiento, e identificar la importancia y entender los componentes de esta capa de inteligencia colaborativa. Esta fase permitirá definir la plataforma de administración del conocimiento.

La plataforma de administración del conocimiento es el conjunto de sistemas, infraestructura, estrategia gerencial, fases culturales de cambio, esquema de incentivos, métricas y evaluaciones que permiten usar el conocimiento.

El análisis de la infraestructura actual debe incluir todos los sistemas, datos estructurados y no estructurados[54], así como información que pueda contener la organización en medios electrónicos principalmente.

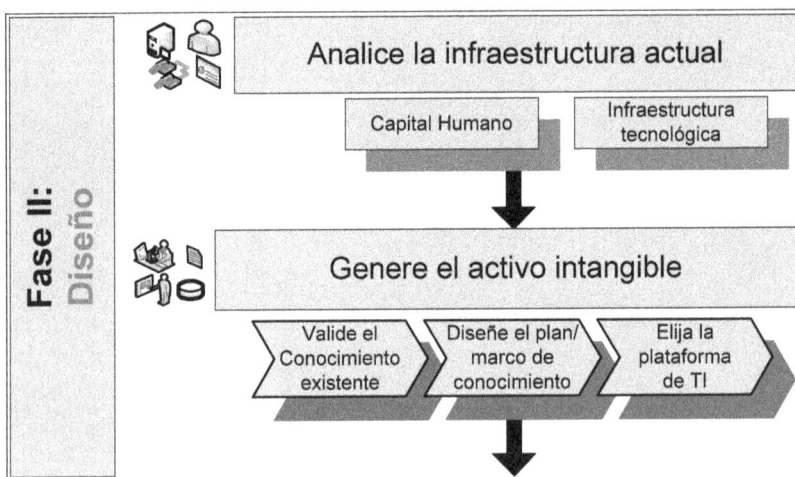

Figura 90 Fase II: Diseño. Fuente: elaboración propia.

---

[54] Datos estructurados: son todos los datos contenidos en bases de datos, data warehouse que mantienen un orden. Esto es generalmente el 20% de la información de una organización. Los datos no estructurados son todos aquellos que están sin un orden definido, tales como archivos, páginas web, correo electrónico, documentos digitalizados, audio, video, imágenes, archivos de MS Office, entre otros y que componen el 80% de los datos de la misma organización, es aquí donde se halla la mayoría y mas importantes fuentes de conocimiento de una organización.

4.5.2.1 Analizar la infraestructura actual

Debemos de tener una visión de los siguientes datos:

Que debemos conocer de nuestra infraestructura tecnológica
Base de datos principales (tamaño, sistema operativo y uso)
Que sistemas de administradores de contenido se tiene
Que sistemas de archivo o compartición de documentos se cuentan
Tipos de correo electrónico, data warehouse, intranets. extranets
Sistemas de ERP, Sistema de automatización de ventas, grabaciones
De llamadas, sistemas de soporte a decisiones
Plataformas de almacenamiento y respaldos, wikis, blogs, foros de discusión

**Tabla 20 Datos básicos de infraestructura tecnológica para la administración del conocimiento.
Fuente: elaboración propia.**

Adicional a esta información es necesario saber si hay un lineamiento particular en cuanto al sistema operativo de preferencia de la organización, dado que ello permitirá evaluar el elegir una plataforma tecnológica para manejar el sistema de administración del conocimiento posteriormente, sin embargo, esto no debe ser una restricción para elegir la solución de administración del conocimiento desde el punto de vista software, ya que debe estar alineado más al beneficio del negocio que al interés de los gerente de tecnología.

El capital humano que debe participar es el conformado en el equipo de administración del conocimiento que definimos y elegimos anteriormente.

4.5.2.2 Generación del activo intangible

4.5.2.2.1 Valide el conocimiento existente

Para validar el conocimiento existente debemos conocer en qué etapa del conocimiento se encuentra nuestra organización, para poder identificarla a continuación mostramos una tabla que permitirá identificarla

Etapa	Estado del conocimiento	Ubicación del conocimiento	Método de aprendizaje
0	Ignorancia total	Indefinido	Indefinido
1	Arte puro	En la cabeza de los expertos. Tácito	Repetición de procesos.
2	Consciente	En la cabeza de los expertos, pero pueden expresarlo por escrito aunque sea de manera limitada	Expertos y repetición de procesos
3	Medible	Puede identificarse las principales variables	Expertos, pero pueden modificar variables para revisar cambios en el proceso
4	Control de la media	Escrito o programado en software una parte	Se mantienen registros de lo hecho, lo sucedido y el resultado
5	Capacidad de proceso	Recetas basadas en experiencia, no necesariamente todo documentado	Mantienen registros de las etapas y pueden determinar patrones estadísticos que funcionan
6	Caracterización de procesos	Está bien documentado, hay metodología y casi siempre funciona	Usar la metodología para determinar puntos de oportunidad para los problemas
7	Saber porque	La mayoría del conocimiento relevante está documentado, el conocimiento tácito se ha convertido a explicito, mucho del conocimiento esta codificado en sistemas de computación	Mejora el anterior nivel
8	Conocimiento Completo	Casi ubicuo	Es un nivel que en teoría nunca podrá ser alcanzado ya que es difícil de identificar

Tabla 21 Etapas del conocimiento. Fuente: adaptado de Roger Bohn. Measuring and Managing technological Knowledge

Los activos de conocimiento, que principalmente debemos con respecto a la tabla anterior deben considerar:
- Los de capacidad reguladora
  - o Patente
  - o Diseños y marcas registradas
  - o Secretos industriales
  - o Licencias

- o Tecnología propietaria
- o Bases de datos
- o Metodologías propias
- Los de posicionamiento
  - o Reputación
  - o Configuración de la cadena de valor
  - o Redes de distribución
  - o Base instalada
  - o Base de clientes
  - o Porción de mercado
  - o Liquidez
  - o Reputación y análisis de producto
  - o Reputación y análisis de servicio
- Los de capacidad funcional
  - o Tiempos de entrega
  - o Accesibilidad al conocimiento anterior
  - o Capacidad de innovar
  - o Habilidades de los colaboradores
- Capacidad cultural
  - o Cultura corporativa
  - o Tradición de competencia-cooperación
  - o Estándares de calidad
  - o Innovación
  - o Iniciativas y motivación de los empleados
- Tecnológicos
  - o Los que se almacenan en los servidores de
    - ▪ Correo
    - ▪ Bases de datos / DWH / ERP / MIS / DSS
    - ▪ Sistemas de archivo / ECM / BPM
    - ▪ Otros
  - o La documentación técnica de la infraestructura o capacitación interna

Una vez identificados los activos del conocimiento, la infraestructura tecnológica con la que contamos y como estamos posicionados en nuestra organización con respecto al conocimiento, podemos entonces evaluarnos para poder definir el marco y plataforma de tecnología a ocupar, al aplicar los siguientes pasos:

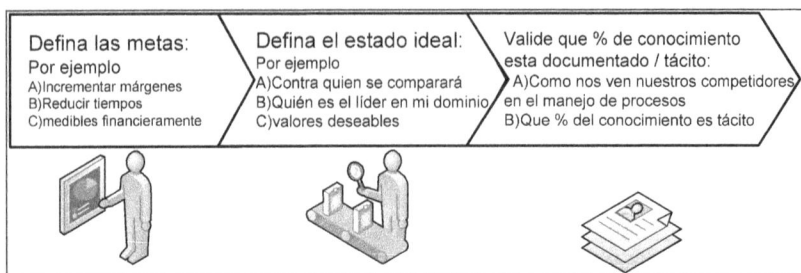

Defina las metas:
Por ejemplo
A)Incrementar márgenes
B)Reducir tiempos
C)medibles financieramente

Defina el estado ideal:
Por ejemplo
A)Contra quien se comparará
B)Quién es el líder en mi dominio
C)valores deseables

Valide que % de conocimiento
esta documentado / tácito:
A)Como nos ven nuestros competidores
en el manejo de procesos
B)Que % del conocimiento es tácito

Figura 91 Pasos para la validación de conocimiento en la organización. Fuente: elaboración propia.

La definición de metas corresponde basado en sus activos intangibles a como aportar valor a la organización, y las preguntas pueden variar si es una institución privada o pública:

Metas generales ejemplo para organización privada o pública (gobierno)

- Mejorar tiempos de atención a clientes/usuarios/ciudadanos
- Disminuir la curva de aprendizaje de nuevos colaboradores / facilitar el autoservicio
- Poder ubicar políticas/procedimientos/formatos más eficientemente

Metas particulares para organizaciones privadas

- Incrementar márgenes de ganancia basado en mis conocimiento de procesos en un X%
- Apoyar a la innovación de productos en un Y%

Una vez definidas las metas debemos buscar un estado ideal del conocimiento en el saber que, el saber cómo, para poder llegar al saber porque y es importarnos el porqué, como se muestra en la figura siguiente:

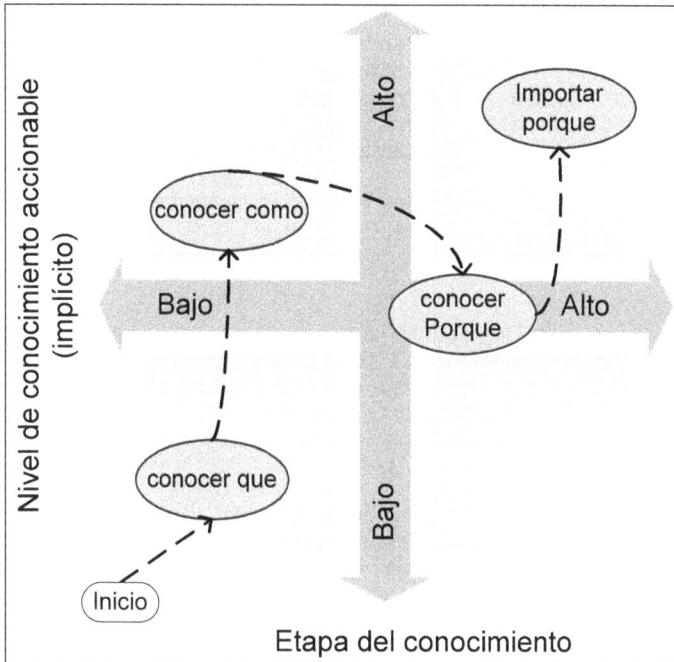

Figura 92 Evolución al estado ideal del conocimiento en la organización. Fuente: adaptado de Michael Zack.

La medida de conocimiento accionable que se tenga, es decir, el que es implícito nos facilitara el camino a mejorar cualquier etapa de la madurez de la administración del conocimiento en la organización.

4.5.2.2.2 Diseñe el marco de conocimiento

Una vez que tenemos definidos e identificados los activos así como sus metas deseadas, podemos entonces crear un marco que nos permita instrumentar nuestra solución de administración del conocimiento.

Un sistema de administración de conocimiento está compuesto de los siguientes elementos:

- Cultura: que para este caso definimos como la habilidad de compartir la información

- Plataformas de colaboración: son los canales de tecnología que nos permiten distribuir el trabajo al incorporar medios de comunicación informal, identificadores de especialistas, expertos de base de datos, entre otros
- Redes: humanas/sociales y tecnológicas. Las sociales son las que nos habilitan las comunidades de práctica, asociaciones de industria, grupos, entre otros; las tecnológicas son las que habilitan las intranets, extranets, cadenas de suministro, entre otras
- Repositorios: son los contenedores de conocimiento formal e informal, es decir implícito, así como sus reglas que permiten ordenarlo, acumularlo, refinarlo, administrarlo, validarlo, limpiarlo, mantenerlo, contextualizarlo y distribuirlo.

En la empresa mexicana el paso de la cultura es un reto interesante, dado que la contribución de los colaboradores a la administración del conocimiento es vital, es la sangre misma del organismo, por lo cual es importante revisar este detalle a punto. Una empresa puede adoptar más rápidamente la administración del conocimiento, el proceso de cambio debe mantener siempre informados a la gente, sobre todo con la mentalidad de que compartir el conocimiento no quita "poder",

En las organizaciones el conocimiento pude ser ocupado orientado a proyectos, ejemplo: programadores de software, áreas médicas y farmacéuticas, abogados, investigadores de seguridad pública, investigación y desarrollo, arquitectos; y por otra parte orientado a funciones como son los empleados que proporcionan servicios, burócratas, policía preventiva, contadores, los que hacen manufactura o compañías de mercadotecnia.

Cada uno de ellos puede tener una posición estable o dinámica, es decir cambian de ubicación o están a largo plazo en una posición, esto permea directamente en la capacidad y factibilidad de compartir el conocimiento como parte de la cultura, cuando se es más estable la expectativa es aprender, cuando se es más dinámico la expectativa es compartir el conocimiento.

Una cultura donde solo se procura aprender y realizar la función para la cual fueron contratados, es la organización con mayor reto en la instrumentación de una administración del conocimiento, generalmente estas tienen una alta relación con sindicatos o asociaciones que procuran no mejorar la condición de la organización pero solo la de sus agremiados, esto les pudiese dar una ventaja competitiva en el mercado laboral.

	Estática	Dinámica
Orientados a proyectos	Cultura de Aprendizaje	Cultura de compartir
Orientados a funciones	Cultura de Aprendizaje (orientada solo a adquirir)	Cultura de compartir

Estática   Dinámica

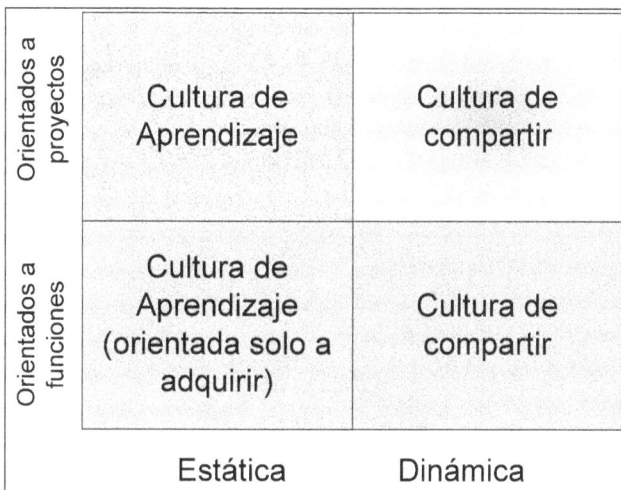

Figura 93 Cultura de trabajo por función o proyecto para administración del conocimiento. Fuente: Amrit Tiwana.

Al reconocer a la cultura como un factor primordial en el éxito de una solución de administración del conocimiento, es importante entrar en una visión de alto nivel de lo que debe ser el marco del conocimiento.

Como se mencionó anteriormente, los activos intangibles de la empresa, desde las bases de datos hasta los documentos de patentes deben estar integrados como parte del repositorio de datos, este repositorio de datos consideran toda los datos e información con la que cuente la organización, una tendencia tecnológica es que el 80% de los datos son datos no estructurados y un 20% son datos estructurados, y hoy día los organizaciones del conocimiento obtendrán mas valor de la información no estructurada ya que es la que crece más rápido y es la que los usuarios expertos o contenedores del conocimiento tácito, pueden hacerla explícito.

Asimismo es importante considerar toda la información externa, la cual puede ser menos o más que la contenida en la organización, pero, que alineada de una manera similar puede aportarnos conocimiento nuevo para obtener una visión de 360° del negocio o institución.

Estos datos deben integrarse a un sistema de integración de conocimiento, que es un software que deben tener las características básicas de permitir buscar, ordenar generar taxonomías, ontologías, hipervínculos, tener agentes inteligentes de búsqueda, un indizado de texto completo, con reconocimiento de patrones, entre otros que nos permita logar la información y presentarla a una capa que por perfiles de usuarios y con manejo de seguridad pueda presentar los datos a los usuarios finales.

Estos usuarios finales deberán documentar, o alimentar el sistema con los nuevos datos, ya que es un sistema dinámico, de la misma manera el sistema de conocimiento debe poder proveer información a las fuentes básicas u origen, por ejemplo, los indicadores de riesgo de la empresa pueden recibir información de las políticas y procedimientos para temas de riesgo ó identificar a los especialistas en el tema.
A continuación se presenta una figura que permite ejemplificar este marco

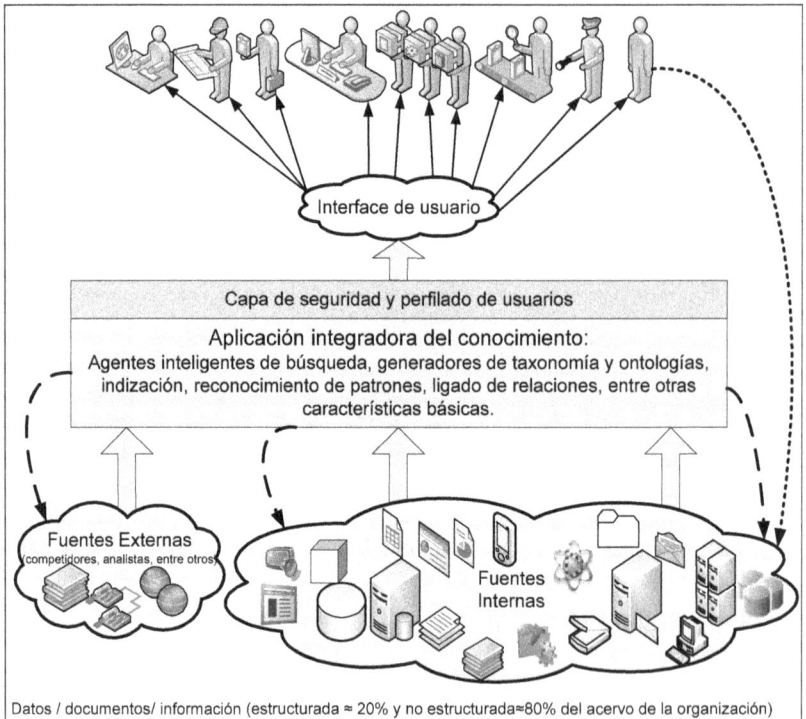

Figura 94 Marco de referencia para un sistema de administración del conocimiento. Fuente: elaboración propia.

4.5.2.2.3 Elija la plataforma de tecnología

La administración del conocimiento es un proyecto que debe pretender siempre dar un valor agregado a la organización, no debe ser un proyecto puro de tecnología, la decisión del equipo de administración del conocimiento es muy importante en la selección del sistema de tecnología y no debe ser influenciada únicamente por los equipos de información tecnológica o sistemas. La plataforma de tecnología debe ser elegida en función de las características definidas al empatar la estrategia del negocio a la administración del conocimiento.

Como referencia del sistema debe tomar en cuenta los sistemas que hoy día tiene, una aplicación del conocimiento no debe ser similar a la eterna promesa del ERP, esta administración del conocimiento debe ser de resultado pronto y explicito a la organización.

Una aplicación de administración del conocimiento puede ser vista desde diversos ángulos, los dos principales debe ser:

- Su nivel de integración
- Su nivel de interacción

La plataforma de administración del conocimiento puede ser vista como una fuerza centrífuga en como distribuye el conocimiento al usuario del mismo y como una fuerza centrípeta en la manera que los adquiere.

Generalmente las áreas de tecnología impulsaran un desarrollo interno de la aplicación del conocimiento, una aproximación válida si la organización tiene el tiempo, dinero, recursos humanos y experiencia en desarrollar sistemas; sin embargo nuestra recomendación es valorar el costo beneficio y costo de oportunidad, dando generalmente como una opción más real el adquirir una plataforma comercial. Es aquí donde un verdadero gerente o director de sistemas demuestra su alineamiento y visión de la estrategia empresarial.

Recuerde que una administración del conocimiento no es un data Warehouse, un Business intelligence - reporteador, no es un sistema o modulo adicional del ERP, ni una mega base de datos, no es un buscador de etiquetas, no es un contenedor de documentos, es más que eso.

Una matriz de evaluación básica para herramientas o software comercial, que puede considerar es la siguiente:

Característica	Funcionalidad	Importancia
Plataforma de sistema operativo multiplataforma	Dependerá del estándar de la organización, no debe ser crucial, dado que existen herramientas adecuadas en varias plataformas	Bajo
Fuentes de datos a ingestar deben ser estructuradas y no estructuradas	Es deseable que pueda ingestar, es decir consolidar la información de diversas fuentes, consolidando únicamente índices o todo el documento[55], debe al menos ingestar: documentos texto, hojas de cálculo, documentos, presentaciones, PDF, audio, video, páginas WEB, XML, bases de datos (al menos vía ODBC ó JDBC), sistemas de archivos de Unix[56], sistemas de archivos de Windows®, herramientas de administración de contenido (ejemplo: Documentum™, Keyfile, entre otros), crawling o ingesta de páginas de Internet, correo electrónico.	Alto
Que permita trabajar con fuentes distribuidas	Que las fuentes puedan estar en diversos sitios o lugares físicos	Alto
Que mantenga perfiles de usuario y tenga seguridad	No todos los documentos deben ser vistos por todo el mundo, el perfilado permitirá el acceso a la persona correcta, los esquemas de seguridad son tanto a nivel fuente de documento como de ingreso a la aplicación	Alto
Que permita vincular la información, relacionarla, no necesitar creación de metadatos	Es ideal que la herramienta pueda interpretar el documento y permitir buscar por el contenido mismo, no por etiquetas como lo hacen las herramientas tradicionales de búsqueda tipo Internet[57]	Alto
Que permita visualizar la información por relaciones	La información al integrar datos no relacionados (no estructurados) pueden y tener vínculos no naturales, esta herramienta debe poder facilitar esto	Medio
Permita distribuir el contenido del repositorio vía cliente servidor, XML,	Que los datos puedan ser reintegrados a otras fuentes o sistemas actuales para agregarles valor	Alto
Que el fabricante /proveedor tenga soporte local	El proveedor debe tener un soporte local y evitar comprar soluciones de software sin soporte local.	Bajo
Agentes inteligentes	Debe tener agentes de búsqueda con modelos de envío o recuperación de información (push-pop)	Medio
Uso ilimitado de documentos / fuentes	Considere que las herramientas cobran por el número de documentos que manejan, cuide este punto porque puede volverse impagable	Alto
El licenciamiento perpetuo	La licencia de uso de software debe ser de uso perpetuo[58]	Medio
Proveen entrenamiento en la solución	Valide que hay entrenamiento para el uso, administración y desarrollo	Bajo

Tabla 22 de evaluación básica para herramientas o software comercial. Fuente: elaboración propia.

---

[55] La herramienta de administración del conocimiento puede ser utilizada como salida/entrada de datos para temas de auditoría y gobierno corporativo, razón por la cual en algunas arquitecturas propuestas debe considerarse en mantener una copia completa en el repositorio de datos.
[56] Unix, si la organización lo tiene, en cualquiera de sus opciones, Linux, AIX, UX, Ultrix, Solaris u otros.
[57] Evite a toda costa el típico sistema que responde:"tiene 2 millones de documentos similares"...
[58] Puede usarse el servicio de SAAS (Software As A Service) que permite comprar los servicios deseados mientras se requieran, sin embargo ¿Pondría el conocimiento y ventajas competitivas en un tercero? ¿Pondría su estrategia de administración del conocimiento en una licencia que caduca cada 12 meses? La respuesta propuesta en ambos casos es No.

La arquitectura de procesadores y almacenamiento (fierros) generalmente son recomendados por los proveedores de software, de manera general su equipo vera los siguientes componentes:

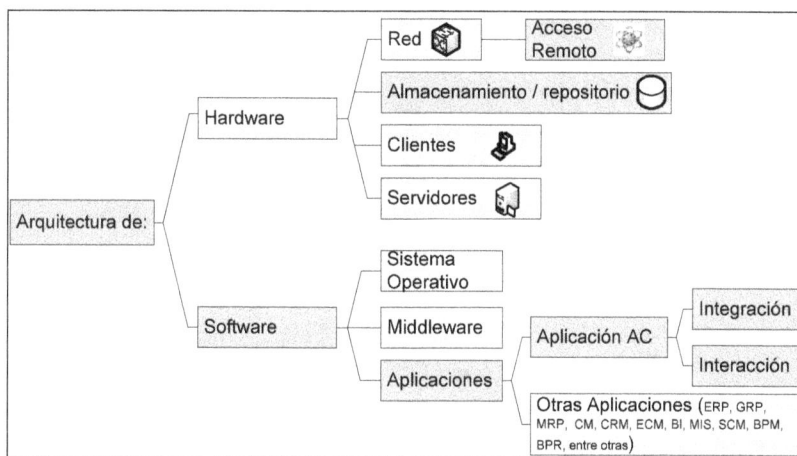

Figura 95 Componentes base de la Arquitectura que deben considerarse, en naranja. Fuente: Diseño Propio. Fuente: elaboración propia.

Existen diferentes soluciones comerciales de software que permiten manipular de manera empresarial la administración del conocimiento, a continuación se listan en orden alfabético, algunas de las más serias y reales, de manera enumerativa, mas no limitativa, todas son marcas registradas de sus propietarios: Autonomy, BrainWare, Coveo, Endeca, Exalead, Fast Search and Transfer a Microsoft® Subsidiary , Knowbin, Omnifind (IBM), Recommind, Vivisimo, entre otras[59].

Ahora ya puede tener un marco y sustento para elegir una plataforma de software que se adecue a su administración del conocimiento.

---

[59] Rf. Forrester Wave 2008. Enterprise S. 2008. May 2008.
Rf. Gartner Inc. Magic Quadrant for Information Access Technology, 2007.

4.5.3 Solución

Las dos primeras fases son las más demandantes en estrategia, visión y planeación, es donde el facilitador, líder o CKO aportará mayor valor así como el equipo de administración del conocimiento, ahora viene el paso más importante dentro del modelo, la ejecución de la solución.

Esta fase pretende convertir lo que más se pueda de conocimiento tácito a través de una transferencia de conocimiento formal en una base de conocimiento explícito, de tal manera que se aporte valor a la organización.

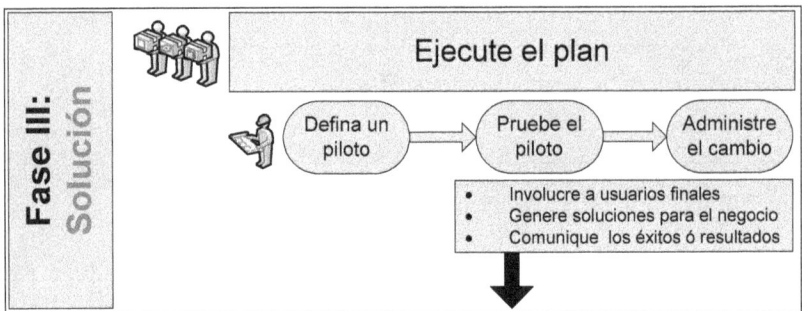

Figura 96 Fase III Solución. Fuente: elaboración propia.

Una vez que tiene definida la infraestructura, que ya identifico el activo intangible y tiene alineada la estrategia de la administración del conocimiento a la del negocio, existen dos maneras de ejecutar la solución:

* Iniciar con un piloto
* Instrumentar la solución completa

La decisión es del equipo de administración del conocimiento que haya definido, la sugerencia es hacerlo con un piloto, este denominado piloto es una instrumentación de una solución puntual sobre la iniciativa de administración del conocimiento que más aporte valor a la organización, los nombres de los proyectos pueden variar de industria a organización, a continuación enumeramos únicamente diez, no de manera limitativa, mismos que en la investigación de campo elaborada en este trabajo indicaron dar más valor a la empresa mexicana y son los que consideran más adecuados a instrumentar los mismos usuarios:

Nombre de la iniciativa
Identificación y transmisión de mejores prácticas
Empresa basada en conocimiento
Organización que aprende
Sistemas de Capital Humano
Comunidades de Aprendizaje y Práctica
Memoria Organizacional
Sistemas para visualizar el conocimiento
Migración de conocimiento tácito a implícito
Sistemas informáticos para ingestar y distribuir el conocimiento y experiencia en la institución
Sistema de inteligencia de Negocio (no reporteadores)

Tabla 23 Iniciativas de administración del conocimiento de preferencia por las organizaciones mexicanas. Fuente: elaboración propia.

Para ejecutar el piloto debe considerar asimismo que este:
- No sea un proyecto trivial
- Elija que tenga visibilidad organizacional y efectos tangibles
- Defina fechas y alcances razonables y realizables en corto plazo[60]

Existen diversas manera de instrumentar un proyecto, nuestra propuesta para la empresa mexicana es utilizar una metodología incremental basada en resultados MIR[61].

Se propone dividir el proyecto en una serie de pasos cortos, con ciclos de desarrollo rápidos e intensivos, donde cada uno proporciona beneficios al negocio mesurables:
- Identifique beneficios de negocio para cada subfase, es decir identifique los "porqués" de cada subfase, y los "qué" al inicio
- Instrumente la solución por subfases que no se crucen
- En términos de software cada subfase debe programar todo lo necesario para la misma y dar resultados, esto implica que la funcionalidad de software debe estar soportada por los cambios necesarios en las políticas, procesos y métricas para hacerlo funcionar, siempre dando el premio y reconocimiento correspondiente a los encargados.

---

[60] Si su empresa ha hecho un proyecto de data Warehouse lo entenderá perfectamente. Si no, los data Warehouses han dado la promesa a las organizaciones de proveerles información mas rápida, precisa, desde una sola fuente y accesible para la toma analítica de decisiones y el costo promedio de los proyectos rondan un millón de dólares, incluidos software, hardware y consultoría, sin embargo los resultados se dan después de meses, el promedio de industria según Gartner Group es de nueve meses en el menor de los casos, lo cual ha provocado un bajo retorno a la inversión y los puestos de varios directivos. Procure aprender del pasado y evite repetir la historia, dado que la administración del conocimiento pudiera ser un primo político lejano del data Warehouse.
[61] Sus siglas en ingles son RDI, Results-Driven incremental. Rf. Fichman R., Moses S. (1999).An incremental process for software implementation, Sloan Management Review. Winter 1999. pp 39-52. y Khurana A. (1999). Managing complex production process. Sloan Management Review. Winter 1999. pp. 85-97.

- Intensivo, es decir la programación de cada subfase debe ser lo más corta posible, lo cual puede ser dos semanas o en grandes proyectos hasta tres meses.

Cada fase liberada a producción la denominaremos "liberación a negocio"[62] donde cada una de ellas debe responder siempre a:
- ¿Cuál fue el resultado de negocio objetivo?
- ¿El desarrollo que tan exacto fue con respecto a la funcionalidad requerida?
- ¿Cómo se miden los resultados de esta liberación?
- ¿Qué cambios se requirieron en procesos, métricas, políticas y procedimientos para ejecutar esta fase?

Si no se responden a todas las preguntas no fue una liberación exitosa, dado que no dio resultado al negocio ó agrego valor a la organización.

Ejemplo:

Definición
Desarrollar la interface que identifique los expertos de la organización, en tres semanas, ahorrar las búsquedas actuales de 3 días bajo el procedimiento normal de solicitar a recursos humanos la búsqueda de un perfil dentro de la organización.

Resultado:
En tres semanas se programó el módulo de conexión a la plataforma de administración del conocimiento, que permite identificar a los expertos por: ubicación, temas publicados, experiencia curricular, reconocimiento externo, con un tiempo de respuesta en consulta vía el portal de administración del conocimiento de 5 segundos, sin tener que pasar por recursos humanos.
Fue necesario que el procedimiento de búsqueda de expertos se eliminara de recursos humanos y se asignara una entrada a la intranet de conocimiento, asimismo la información de cada empleado debe ser enviada para su procesamiento e ingesta, desde que se contrata ó cada vez que hay un nuevo registro en su archivo.

Debemos cuidar en todo momento, evitar ciclos de desarrollo[63] largo dentro de esta metodología de MIR, los procesos deben se acumulativos y no transponerse entre sí, de tal manera que la alta gerencia siempre advierta resultados positivos. Asimismo el equipo de administración del conocimiento debe tener una comunicación muy alta y dar el apoyo al equipo de instaladores (programadores, consultores, internos y en su caso externo), recordemos que ellos apoyan en el presente del proyecto.

Los puntos más difíciles en esta fase son los de índole organizacional y cultural, ya que se verán impactados, positivamente, por este proceso.

---

[62] En inglés es conocida como Business release.
[63] Para este caso un ciclo largo es mas de 13 semanas o 3 meses.

Sugerimos seguir un modelo de cambio similar al propuesto por Kurt Lewin, el cual facilitará al facilitador ó líder del proyecto de administración del conocimiento la adopción de la empresa.

Una vez hecha la liberación de negocio, involucre inmediatamente al usuario que más beneficios aporte, que le valide sus puntos de vista y beneficios, no se quede únicamente en los miembros del equipo para seguir a la siguiente subfase, y haga sonar esas pequeñas victorias en la organización.

Este ciclo se debe repetir hasta completar el piloto ó el proyecto.

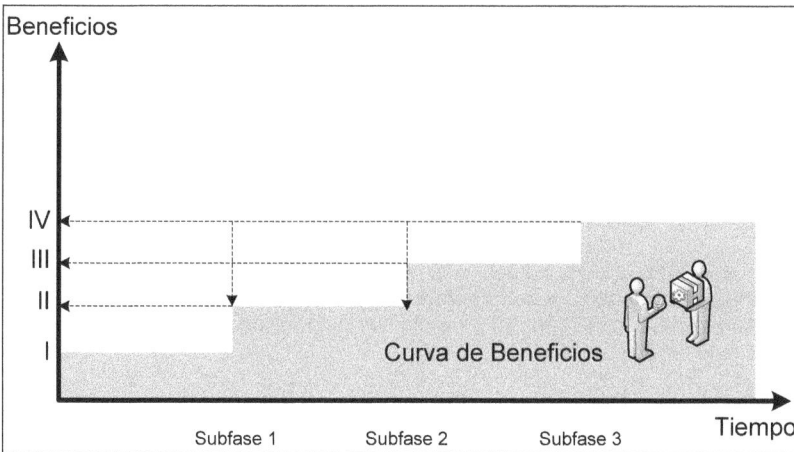

Figura 97 Curva de beneficios usando MIR (Metodología Incremental Basada en Resultados). Fuente: adaptación de Amrit Tiwana.

4.5.4 Apreciación

Como todo el modelo propuesto está alineado a dar valor la última fase procura validar si en realidad el aumento de valor de un activo intangible debido a variaciones positivas en su proceso de administración del conocimiento es visto, percibido o validado por la organización, por eso el nombre de apreciación.

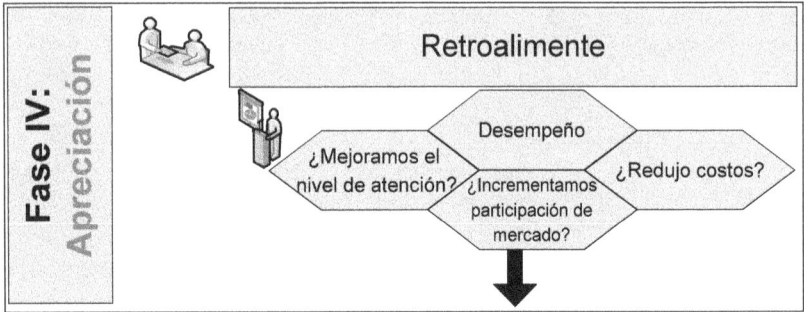

Figura 98 Fase IV: Apreciación. Fuente. Elaboración propia.

Esta fase tiene como objetivo hacer una métrica real de lo que nos planeamos al inicio del proyecto de administración del conocimiento y los resultados obtenidos, como se comentó la administración del conocimiento es una actividad cíclica y no tiene final, sin embargo lo que no se mide no puede ser evaluado y la manera propuesta es orientado a un modelo modificado por Amrit Tiwana del Balance Scorecard de Kaplan y Norton, en el cual vemos las cuatro perspectivas adicionadas por tres valores nuevos:

La retroalimentación más importante debió ser recopilada en la Fase III: solución, ya que ahí las pequeñas instrumentaciones o sub fases debieron ser aprobadas por el negocio para seguir adelante, si llego al final del proyecto con esta metodología MIR, puede estar convencido de tener un final positivo.

La retroalimentación la mediremos conforme el siguiente modelo:

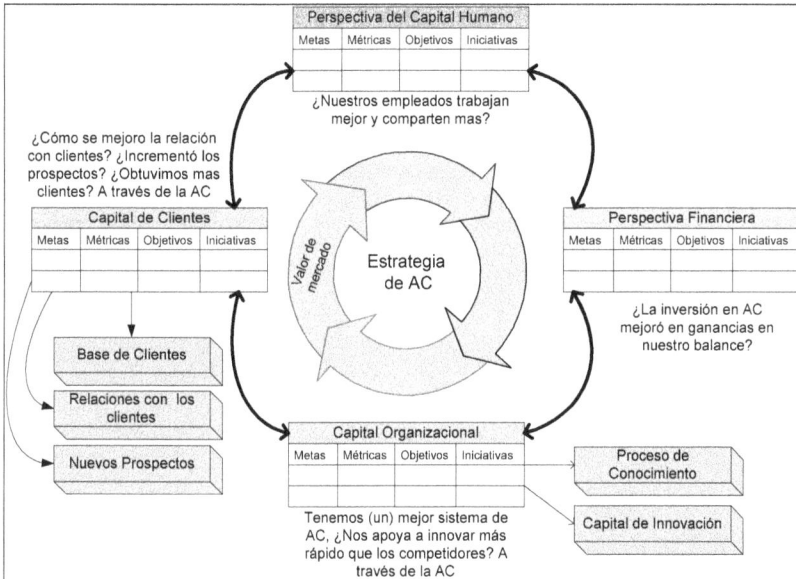

Figura 99 Tablero de control para administración del conocimiento. Fuente: adaptación de Tiwana, Kaplan y Norton.

El tablero anterior procura abarcar las áreas involucradas en nuestra propuesta, el humano materia prima de y para creación de conocimiento, la organización que es el medio ambiente y facilitador del conocimiento, los clientes quienes serán los principales beneficiados del conocimiento que a su vez nos deben de impactar positivamente en los valores y beneficios financieros de la empresa.

Al tener el proceso de instrumentación y haber definidos los proyectos podemos completar el tablero, con los datos orígenes y con los nuevos resultados al operar en el área correspondiente a la ejecución de la administración del conocimiento o en la organización completa.

Un proyecto de administración del conocimiento debe de crear al menos tres valores nuevos, o mejorarlos dentro de la organización
- El proceso de conocimiento: la administración del conocimiento ha creado o mejorado este proceso dentro de la organización con el modelo propuesto.
- El capital de innovación: Es el resultado de la integración de intangibles dentro de la organización, si bien no es la innovación misma, la mejora en cualquier idea o invención aplicada es innovación.
- Mejores clientes: el conocer y atender a los clientes más eficientemente y eficazmente, retribuye en un mejor valor de retorno a la organización, y ver desde dentro nuestros clientes internos, serán cada vez más satisfechos y gustosos de colaborar en la empresa.

Este documento de reporte es el trabajo final que deben evaluar todos los miembros del equipo de administración del conocimiento, no es responsabilidad única del facilitador, líder o CKO.

Esto será de apoyo para que el CKO cumpla con su misión del día a día, que debe ser ajustar las iniciativas de administración del conocimiento a una visión de conocimiento de una organización, dar a conocer cada historia de éxito de la administración del conocimiento a la dirección, quitar los obstáculos que eviten la adopción de la administración del conocimiento pero más importante, aplicar y demostrar los beneficios de la práctica de esta herramienta.

Conclusiones

La administración del conocimiento es una herramienta necesaria para las empresas y organizaciones que estén en una situación sostenible de competencia, más aun cuando su principal fuente de ingresos sean servicios basados en su experiencia y conocimiento, por no definirlo como "*arte explicito*".

A nivel mundial la administración del conocimiento tiene y tendrá un impacto directo en la capacidad de adaptarse a un ambiente dinámico y cambiante de negocio para las organizaciones, el hecho de que las empresas puedan crecer de un modelo de contener el conocimiento a uno de compartirlo les dará una opción para mantenerse en su nivel de competitividad, el poder pasar de un compartimiento de conocimiento a una creación de conocimiento será la primer clave en poder despegar de manera significativa en su sector, asimismo no deberá perder de vista que una vez que se llegue a este punto la creación de valor será la meta siguiente.

No menos importante será para toda la organización, desde el CEO/presidente hasta el analista mas novato, el deber tener la madurez suficiente para reconocer que compartir es el inicio para crear, las tendencias de esconder el conocimiento como en el periodo del oscurantismo, no deben continuar, si bien es correcto que hay conocimiento que dada su naturaleza de confidencialidad debe ser protegido, el resto se convertirá en el flujo sanguíneo que de vida a su sistema.

En el estudio que se realiza en la unidad muestral denominada empresas, se concluye que si bien hay iniciativas aisladas de administración del conocimiento en grandes corporativos e instituciones gubernamentales, están aun en fases primarias de la administración del conocimiento, donde podemos decir que estas fases primarias son el compartir el conocimiento.

Aún en su mayoría son proyectos de áreas tecnológicas, apéndices de otros sistemas de trabajo como los ERP o BI, con una buena intención, sin embargo con una visión no siempre alineada a los requerimientos de negocio, de generar valor; afortunadamente también existen casos exitosos y dignos de emular, los cuales se han acercado a expertos en el tema, y se han puesto en marcha, han tenido principalmente la visión de que el impacto organizacional y social que puede tener la administración del conocimiento va mas allá de una red humana que utiliza tecnología para procurar generar capital intelectual, va en el sentido de un proceso emergente para la generación de valor y así mantener la posición dominante o fuerte de su empresa.

Comparto la visión de otros investigadores y expertos en el sentido de que mientras mayor capital social apuntale al conocimiento, mayor será su impacto al compartirlo y conectarlo con diversas comunidades ó dominios afines.

Basado en el estudio elaborado, aun en México existe una baja compartición del conocimiento, pero aun más crítico es la poca iniciativa ó procedimientos para hacerlo y convertirlo en explicito; el mismo por el cual la organización está retribuyendo a sus colaboradores, en este punto la confianza entre los colaboradores y la organización juega un papel clave para poder balancear un modelo adecuado de administración del conocimiento.

El poder instrumentar una administración del conocimiento no debe ser técnicamente orientado solo a los sistemas, en el sentido de documentar todo en un repositorio informático, sino también debe considerar un balance que apoye y facilite los habilitadores sociales, por ejemplo, ser claro al definir y comunicar el objetivo a los colaboradores.

Para realizar una administración del conocimiento eficiente debemos de contar con el deseo, madurez y capacidad de cambio en la organización y los colaboradores para compartir el conocimiento y poder así habilitar una cooperación independiente de la ubicación física, que nos permita crear un capital social comprendido por la confianza, motivación y cohesión de equipo principalmente, el cual a su vez hará que impulse un cambio organizacional que genere los cambios necesarios en el proceso de crear valor, donde este valor se retribuye como retroalimentación a la misma organización en una mayor motivación, mejores prácticas, adopción de nuevas tecnologías y una administración del conocimiento eficiente, que finalmente impactará en el capital intelectual.

En uno de los retos alineados junto a la administración del conocimiento, es la administración del cambio, y la generación de equipos de alto rendimiento, puede sugerirse los equipos virtuales, como se comenta en el desarrollo de la investigación, no necesitan estar los colaboradores en la misma ubicación física, pero, si es necesario tener la plataforma tecnológica que les permita interactuar de manera adecuada, así podemos tener especialistas en el D.F. Guanajuato, Saltillo, Culiacán, Mérida, Oaxaca y Comitán por ejemplo, al colaborar con un proyecto, donde cada uno de ellos aporta su conocimiento, valor y especialidad para solucionar un problema, que nos den hechos o resultados con una generación de documentos, bases de datos y estos vayan conformando dominios de influencia y soluciones (como una base de expertos, sistemas de aprendizaje, sistemas expertos o páginas amarillas, sistemas de soporte a decisiones, entre otros) que nos permitan crear o generar innovación.

La administración del conocimiento en la empresa mexicana tiene un bajo nivel de aplicación y desarrollo principalmente en las empresas que tienen entre 50 y 100 empleados, sin embargo las grandes organizaciones si están trabajando al respecto, aunque no todas con resultados exitosos

Se encontró que no existe un modelo localizado para la administración del conocimiento con el cual las empresas mexicanas lo ocupen de manera clara, en los hechos tienen iniciativas de tecnología no necesariamente alineadas a obtener un provecho; sin embargo si hay casos muy interesantes con varias instituciones gubernamentales y de iniciativa privada, en el caso de iniciativa privada, principalmente son organizaciones con alta competencia y requerimiento de flexibilidad para adaptarse al entorno competitivo de mercado.
Esos proyectos, han sido de evolución de soluciones analíticas con las que contaban utilizando diversas herramientas tecnológicas para dar respuesta a problemas puntuales, sin embargo no se comparte el conocimiento para otras áreas o incluso dentro de la misma.

El modelo propuesto, ADSA, procura alinear y dar las bases para que cualquier organización mexicana, o de cualquier parte del mundo, lleve a cabo un proceso que termine con éxito adecuado en la instrumentación del conocimiento.

Cada una de las cuatro fases permite evaluar y avanzar, la principal la fase es la primera, de análisis ya que la propuesta es llevar un plan de administración del conocimiento si y solo si, aporta valor a la organización, de otra manera puede convertirse una iniciativa condenada a la quema de recursos financieros y humanos valiosos para la empresa que no retornarán en beneficio alguno.

La fórmula incluida para valuar el retorno de inversión, si bien básica, si pretende apoyar con clara visión inicial de cómo evaluar y valuar la factibilidad del proyecto, pero más aun, pretender dar una adecuada respuesta a la pregunta básica de saber si vale la pena o no llevar a cabo el proceso.

Al igual que una iniciativa de calidad o gobierno corporativo, la administración del conocimiento debe ser apoyada y desarrollada por la alta dirección, recordemos que una responsabilidad básica de la alta dirección es el promover el buen entendimiento en la organización de lo que verdaderamente significa la administración del conocimiento, y evitar una aplicación frívola y que no sea de desempeño efectivo y eficiente, que implique en garantizar su permanencia y permita substanciales contribuciones económicas para la organización; debe recordarse que la administración del conocimiento:

- Es una condición que se puede traducir y traduce en utilidades e ingresos mayores
- Es una actividad continua que impulsara de la generación de valor
- La alta dirección debe focalizarse en lo fundamental y el benefició de la administración del conocimiento
- Es una herramienta para lograr más y mejores objetivos (nuevos productos, mercadotecnia, reducir riesgos, apoyar al control interno).
- Es dinámica, evoluciona conforme los cambios de mercado, estrategia, objetivos, riesgos, nuevos competidores, entre otros.
- Implica una madurez de la organización y requiere de apoyo en su administración del cambio durante el proceso de creación, para que la organización pueda hacer frente al dinamismo del entorno, no es suficiente tener una dirección que entienda cómo debe dirigirse el conjunto de elementos que ejecutan la transformación y luego materializar el conocimiento, es necesario que todos los participantes lo entiendan y estén de acuerdo en trabajar juntos de forma eficiente.
- Los cambios deben ocurrir a dos niveles, mínimo, al particular de la ejecución diaria y a nivel directivo en su apoyo constante.

En la organización mexicana el reto inicial mayor para la administración del conocimiento es tener y poder crear la colaboración, madurez y confianza hacia adentro de la organización, el mundo como lo conocíamos hace unos meses ya no es el mismo, los impactos financieros, tecnológicos, ambientales y los ajustes geopolíticos derivarán en un aplanamiento de estructuras y empresas, si bien, la focalización en el negocio/objetivo central de las organizaciones ha sido una tendencia de hace varios años, la creación de inteligencia para la empresa será su herramienta clave al futuro,

Como empresarios, directivos, funcionarios más allá de ver este cambio mundial como una desventaja, es una oportunidad muy importante de negocio que debe capitalizarse; el tener datos, que hoy día convertimos en información, mismos que administrados puedan generar conocimiento a la empresa, bien aplicados generarán inteligencia, algunos lo pretenderán llamar sabiduría, otros más científicos la denominaremos innovación; sin embargo el poder entablar este ciclo virtuoso dependerá de nuestra experiencia, sentido de urgencia, liderazgo y sobre todo sentido común.

Las empresas que se mantengan con esta tendencia de administración del conocimiento iniciarán la creación de inteligencia colectiva, que de una manera metódica facilitará la generación de los nuevos dominios de oportunidad y experiencia aplicada para sus verticales de negocio, municipios, estados, gobiernos o países. Los dominios, colonias, ciudades del conocimiento serán términos más escuchados y explorados cada vez más en nuestro entorno.

Dicho por la OCDE, el déficit en la incorporación de su tejido productivo a la dinámica de la híper competencia y la innovación en América Latina implican una falta de integración o hacer explícito el conocimiento.

La flexibilidad, innovación y capacidad de respuesta que son clave para la competitividad en la economía del conocimiento, se concluye que se pueden lograr efectivamente en organizaciones que satisfacen y retienen al conocimiento, lo pueden encontrar y constituir en un contexto organizacional que fomente la participación y el aprendizaje continuo.

Debe impulsarse una participación con autonomía madura, toma de decisiones, liderazgo, trabajo en equipo, son las competencias clave el dueño del conocimiento pero también para el que lo ocupa, es decir las organizaciones.

Las organizaciones tienden a la descentralización, lo cual implica también una nueva idea de los límites de la misma hoy día, donde la fluidez de la interacción entre los colaboradores, con sus diversas expectativas para su desarrollo personal y aprendizaje, su participación en las decisiones, fomentará en las organizaciones que adquieran, desarrollen, comuniquen información y conocimiento a través de si derivarán en el uso cada vez mayor de redes sociales dinámicas y abiertas.

De la misma manera cada vez veremos más universidades virtuales (empresariales o corporativas) como esfuerzos formales entre empresas e instituciones de educación superior, ya que estas "Universidades Empresariales ó Corporativas" facilitan además asegurar la no obsolescencia del conocimiento de sus colaboradores al poder mantenerlos fieles y dentro de la organización, el desarrollar e innovar nuevos productos o servicios.

El proceder de una organización competitiva estará directamente relacionado con el grado en que pueda adaptar las necesidades de sus activos de conocimiento que requiere su estrategia, y el de los recursos que le ofrece su estructura de actividades, la energía que lo impulsará será el mismo stock de conocimientos, lo cual deriva en la prioridad de saber aprender y aprender más rápido.

El conocimiento debe converger para las organizaciones, el administrarlo adecuadamente ofrece una ventaja competitiva, en el entorno cada vez más global, intenso y dinámico.

.

Futuras líneas de investigación

Está tesis abre varias áreas de investigación futura, podemos mencionar entre ellas:

- *Proceso de resolución de problemas basados en conocimiento.* Si bien existen ya estudios y bibliografía al respecto, aun queda la duda sobre la ambigüedad que afecta a los problemas es decir, si son influencias exógenas o son solo los equipos de trabajo lo que afecta.

- *Inteligencia colectiva.* Este tema es bastante antiguo, sin embargo las herramientas tecnológicas impulsadas por Internet, tales como los wikis, blogs, webs y demás tendencias de Web 2.0, han permitido el compartir datos, información y conocimiento para generar inteligencia, donde no hay fronteras, naciones o empresas, hay un sentido de comportamiento de masas que facilitan la innovación.

- *Normalizar la innovación.* En la tesis desarrolle la idea de que los directivos deben apoyar la innovación en general, sin embargo, el planteamiento que impacta en el pensar y actuar de manera institucional a la organización pueden ser considerados ilegítimos, es decir, quien es el dueño de la innovación, puede ser la organización, pero que sucede si es un ente externo a la organización el que da la solución o si ocupan un dominio de conocimiento de industria, es decir fuentes externas como pueden ser patentes, consorcios, subcontrataciones, entre otros.

- *Prevención de contravenciones basado en evidencia de conocimiento.* Un tema que surgió durante la investigación de campo es la amplia cantidad de aplicaciones iniciales del conocimiento y su intención de administrarlo para hacer investigaciones, evitar fraudes, cumplir con regulaciones, monitorear sistemas de control interno, incluso delincuencia, de tal manera que se puedan identificar al utilizar el conocimiento tácito y procurar hacerlo explícito.

Definición de términos

AC	Administración del Conocimiento
BI	Business Intelligence
BPM	Business Process Management
CEO	Chief Executive Officer, Director General
CKO	Chief knowledge Officer, Director del Conocimiento
CRM	Customer Relationship Management. Administración de relaciones con el cliente.
DHTML	Dynamic Hipertext Markup Language, Lenguaje de marco de hipertexto Dinámico.
DSS	Decisión Support system
DWH	Data Warehouse
E-business	Procesos de negocio por Internet
ECM	Enterprise Content Management
E-mail	Electronic Mail. Correo Electrónico.
ERP	Enterprise Resource Planning. Planeación de recursos empresariales.
Groupware	Procesos intencionales de un grupo para alcanzar objetivos específicos. Herramientas de Software diseñados para dar soporte y facilitar el trabajo.
GRP	Government Resource Planning
GUI	Graphic user interface. Interfaz gráfica de usuario.
HTML	Hipertext Markup Language, Lenguaje de marco de hipertexto.
HTTP	Hipertext Transfer Protocol, Protocolo de transferencia de hipertexto.
IEEE	Institute of Electrical and Electronics Engineers. Instituto de Ingenieros en eléctrica y electrónica.
KBMS	Knowledge Base Management Systems. Sistemas de administración de base del conocimiento.
KMAT	Knowledge Management Assessment Tool. Herramienta de evaluación de administración del conocimiento.
MIS	Management Information System
SFA	Sales Force Automation. Automatización en fuerza de ventas.
SOAP	Simple Object Access Protocol. Protocolo de acceso simple a objeto.
WSDL	Web Services Definition Language. Lenguaje de definición de servicios Web.
Web	Telaraña, red de comunicaciones mundial, sinónimo de WWW.
WWW	World Wide Web, Red de área mundial.
XHTML	Lenguaje de Marco de hipertexto extensible.
XML	eXtensible Markup Language, Lenguaje de marco extensible

Índice

Lista de figuras

Lista de tablas

Bibliografía

1. Ackoff, R.L. (1989), "From data to wisdom", Journal of Applied Systems Analysis, Vol. 16, pp. 3-9.

2. Alavi, M. and Leidner, D.E. (1999), "Knowledge management systems: issues, challenges and benefits", Communication of the Association for Information Systems, Vol. 1 No. 7, pp. 2-36.

3. Applehans, W.E., Globe, A. and Laugero, G. (1999), Managing Knowledge: A Practical Web-based Approach, Addison Wesley Longman, Reading, MA.

4. Arboníes, Ángel Luis. (2006). Conocimiento para innovar: Cómo evitar la miopía en la gestión de conocimiento. Ediciones Díaz de Santos. Madrid.

5. Argyris, C. (1993), On Organizational Learning, Blackwell, Cambridge, MA.

6. Arthur Andersen (1998). La gestión del conocimiento en el sector sanitario. Reflexiones y retos para avanzar. Ediciones Professional Management Publications. Bilbao.

7. Aune, B. (1970), Rationalism, Empiricism, and Pragmatism, Van Nostrand, New York, NY.

8. Awad, M.A. and Ghaziri, H.M. (2004), Knowledge Management, Pearson Education, Upper Saddle River, NJ.Ammeter, A. P., & Dukerich, J. M. (2002). Leadership, team building, and team member characteristics in high performance project teams. Engineering Management, 14, 4, 3-11.

9. Axtle Ortíz, Miguel Angel. Análisis, identificación y ponderación de los componentes del capital intelectual en el mundo para evaluar financieramente el activo intangible de las organizaciones considerando su contexto (2007). Tesis para obtención de Doctorado. Universidad Anáhuac. México.

10. Becerra, I. (2000) The role of artificial intelligence in the implementation of People-Finder knowledge management systems. Florida International University, Decision Sciences and Information Systems, Miami, Florida. Julio

11. Becker, Gary (1964). Human Capital: A Theoretical and Empirical Analysis, with Special Reference to Education. Chicago, University of Chicago Press. 3rd Edition. 1993.

12. Black, Richard J. (2003) Organizational Culture: Creating the Influence Needed for Strategic Success, London UK,

13. Blaxter Loraine, Hughes Christina, Tight Malcolm. (2004). Cómo se hace una investigación. Editorial Gedisa. México.

14. Bohn Roger (1994). Measuring and managing technological knowledge. Sloan Management Review, Vol. 36 Fall 1994. pp. 61-73.

15. Bornemann, Graggober, y otros (2004). Wissensmanagemet Forum: An illustrated guide to Knowledge Management. Austria.

16. Brooking , A. (1997) , "El Capital Intelectual", Paidos Empresa, Barcelona.

17. Buchanan, M. (2002). Nexus: Small Worlds and the Groundbreaking Science of Networks. W.W. Norton.

18. Castells, Manuel. (2000). The Rise of the Network Society; 2nd Ed. Blackwell Publishing.

19. Centro de Sistemas de Conocimiento ITESM. (2001). administración del conocimiento en México. Monterrey.

20. Cohen Jeffrey.(2005). Intangible Assets: Valuation and Economic Benefit. 1st Edition. Wiley and Sons..

21. Collins (2003). Enterprise Knowledge Portals. AMACOM

22. Cooke Philip (2002). Knowledge Economies. Clusters, learning and cooperative advantaje. Routledge. UK

23. CONACYT (2001). Programa Especial de Ciencia y Tecnología 2001-2006. CONACYT México. y en http://www.conacyt.mx Accesado el 20 de mayo de 2008.

24. Davenport Tom. (1998) Prusak L. Working Knowlegde: How Organizations Manage What they know. Harvard Business Press.

25. De Bono, Edward (1998) Six Thinking Hats. Penguin Books.

26. Dewey, John (1997). Experience and Education (1938). MacMillan. New York.

27. Dierkes M. Berthoin Antal, Child J, Nonaka I. (2001). Handbook of organizational learning and Knowledge. New York. Oxford University Press.

28. Dornbusch, Fischer, Startz (2004). Macroeconomía. 9ª Edición. McGraw Hill. Madrid.

29. Drucker, Peter (1993). La Sociedad Post Capitalista. Barcelona España. Ediciones Apóstrofe.

30. Drucker, Peter (1995). Managing in a Time of Great Change. Truman Talley Books/Dutton.

31. Drucker, Peter F (1998). "The Coming of the New Organization". Harvard Business Riview on Knowledge Management". Harvard Business School Publishing. Boston, Ma. pp 1 – 20. 1998

32. Earl, Michael J. and Ian Scott. (1999) "What Is a Chief Knowledge Officer?" Sloan Management Review. 40(2).

33. Ermine, J.L. (2000) Challenges and Approaches for Knowledge Management in Companies, Workshop Knowledge Management: Theory and Applications, Fourth European Conference on Principles and Practice of Knowledge Discovery in Databases, September 13-16, 2000, Lyon, France

34. Espinoza Villareal, Mónica (Coordinadora) (2001). Estudio Exploratorio administración del conocimiento en México: Entendimiento, Intención, Práctica, Resultados y Visión a Futuro. Centro de Sistemas de Conocimiento ITESM. Octubre 2001

35. Edvinsson, Leif; Malone, Michael (1997). Intellectual Capital. Relaizing your company´s true value by finding its hidden brain power. Harper Collings Publishers. N.Y. USA.

36. Faucher, Jean-Baptiste, Andre´ M. Everett and Rob Lawson. Reconstituting knowledge management. JOURNAL OF KNOWLEDGE MANAGEMENT. DOI 10.1108/ 13673270810875822 Vol. 12 No. 3 2008, pp. 3-16, ISSN 1367-3270.

37. Fichman R., Moses S. (1999).An incremental process for software implementation, Sloan Management Review. Winter 1999. pp 39-52.

38. Forrester Wave 2008. Enterprise S. 2008. May 2008.

39. Frappaolo Carl (2006). Knowledge Management. Capstone Publishing Ltd. England.

40. Friedman Thomas L. (2005) The World is Flat. A Brief History of the Twenty-First Century. Farrar, Straus and Giroux. USA. April. 2005

41. Gallego Domingo – Ongallo Carlos (2004) Conocimiento y Gestión. Pearson-Prentice Hall. Primera Edición.

42. Gartner Group. Magic Quadrant for Information Access Technology, 2007.

43. Gonzaga Cabrera, Nadia (2001). Tesis de Maestría. Sistema de capital humano bajo el paradigma de administración del conocimiento. ITESM. Monterrey. Diciembre 2001

44. Grant, G. Anderson (2002) Customer Relationship Management : A Vision for Higher Education, Web Portals and Higher Education. Technologies to Make It Personal.

45. De Gregori Waldemar, Volpato Evilásio. (2002). Capital Intelectual: Administración sistémica. Manual de Juegos de cooperación y competencia. McGrawHill. Bogotá.

46. Hall Robert, Jones Charles. (1996) The productivity of Nations.NBER Working papers series. Working Paper 5812. National Bureau of Economic Research. USA. Noviembre

47. Hamel Gary (1999). Competing for the future. Harvard Business School Press.

48. Hekimian, J. S. and C. H. Jones. (1967) (2006). Put people on your balance sheet. Harvard Business Review (January-February): 106-113.

49. Hermanson Roger. (1963) A method for recording all assets and the resulting accounting and economic implications. Ph.D. dissertation. Michigan State University. 1963

50. Hernández Sampieri, Roberto. Fernández-Collado, Carlos. Baptista Lucio, Pilar.(2006).Metodología de la Investigación. Cuarta Edición. McGraw Hill. México.

51. Iandoli, Luca, Mark Klein, Giuseppe Zoll (2008) 1. Can We Exploit Collective Intelligence for Collaborative Deliberation? The Case of the Climate Change Collaboratorium. MIT Sloan School of Management. MIT Sloan School Working Paper 4675-08

52. Jarvenpaa, S. L., & Leidner, D. E (1998) Communication and trust in global virtual teams. Journal of Computer-Mediated Communication.

53. Kaplan R, Norton P.(1997). Cuadro de Mando Integral. Barcelona España, Gestión 2000.

54. Khurana A. (1999). Managing complex production process. Sloan Management Review. Winter 1999. pp. 85-97.

55. Kish, Leslie (1995). Survey sampling. New York. John Wiley & Sons.

56. Kolb, D. (1984). Experiential Learning: Experience as the source of Learning and Develpment. Prentice Hall. Nueva Jersey.

57. Koontz, H. Weihrich (1995). Essentials of Management. Mc Graw Hill.

58. Kotter John P (2006).El Líder del cambio. Mc graw Hill, México.

59. Kuhn Thomas (2004). La estructura de las revoluciones científicas. Fondo de Cultura Económica. México.

60. Lehmann, Donald R., Sunil Gupta y Joel H. Steckel. (1998). Marketing Research. Reading, Massachusetts: Addison-Wesley.Low J, Cohen P (2002). La ventaja invisible. Empresa Activa. Barcelona España. Editorial Urano.

61. Manpower (2006). Paradoja de la escasez de talento en el Mundo. México.

62. Mintzberg, Henry (2007) Mintzberg on Management. Free Press.

63. Monegal Ferrán,Mariona. (1999)Introducción al SPSS: manipulación de datos y estadística descriptiva. Universitat de Barcelona Departament d'Infermeria de Salut Pública, Salut Mental i Maternoinfantil. Edicions Universitat Barcelona.

64. Neilson, Robert Dr. (2008) Federal CKO Views. US Army. Abril 2008.

65. Nonaka, I., Takeuchi, H.(1995) The knowledge creating company, Oxford University Press, New York.

66. OCDE (2007). Síntesis. Estudios Económicos de México 2007. París 2007. pp 1-12.

67. OECD (2004). Innovation in the Knowledge Economy. Implications for Education and learning. París. 2004.

68. OECD (1999) International Symposium:Measuring and Reporting Intellectual Capital. Amsterdam 9-11 Junio 1999. Charles Leadbeater 1999. New Measures for the New Economy

69. OECD (1999) International Symposium: Measuring and Reporting Intellectual Capital Amsterdam 9-11 Junio 1999. Manfred Bornemann, Adolf Knapp, Ursula Schneider, Karin Iris Sixl. Holistic Measurement of Intellectual Capital.

70. OECD (1999) International Symposium: Measuring and Reporting Intellectual Capital Amsterdam 9-11 Junio 1999. Leandro Cañibano,Manuel García-Ayuso, Paloma Sánchez, Cristina Chaminade, Marta Olea, Carmen Gloria Escobar. Measuring Intangibles: Discussion of Selected Indicators

71. OECD (1999) International Symposium: Measuring and Reporting Intellectual Capital Amsterdam 9-11 Junio 1999. Ulf Johanson, Gunilla Eklöv, Mikael Holmgren, Maria Mårtensson (School of Business, Stockholm University). HumanResource Costing and Accounting versus the Balanced Scorecard: A Literature Survey of Experience with the Concepts.

72. Ortega y Gasset, José. (2007). Meditaciones del Quijote. Séptima Edición. Ed. Cátedra. Madrid.

73. Postrell Virginia. (1998). The future and its enemies. Touchstone Books. New York

74. Riesco González Manuel(2006) El Negocio es el Conocimiento. Ediciones Díaz de Santos. S.A., Madrid.

75. Robbins, Stephen P (2004). Comportamiento Organizacional. Pearsons Educación de México SA de CV. 10ª Edición.

76. Ross Johan, Ross Goran, Dragonetti, Nicola, Edvisson Leif. (2001). Capital intelectual : el valor intangible de la empresa. Barcelona Paidos.

77. Roos, J. Roos, G. Dragonetti, N. Edvinsson, (1997) Intellectual Capital: Navigating in the New Business Landscape

78. Rossi, Peter H., James D. Wright y Andy B. Anderson. (1983). Handbook of Survey Research. London: Academic Press.

79. Ryle, Gilbert (1984) The Concept of Mind, New Univer edition, University of Chicago Press.

80. Saint-Onge H. (1996). "Tacit Knowledge: the key to the strategic alignment of intellectual capital", Strategy and Leadership, vol. 24, n° 2, pp. 10-14.

81. Schein, Edgar. (1993) Organizational Culture and Leadership. In Classics of Organization Theory. Jay Shafritz and J. Steven Ott, eds. 2001. Fort Worth: Harcourt College Publishers. 1993

82. Schichl, A. Neumaier. (2000) Interval Analysis on Directed Acyclic Graphs for Global Optimization. Institute for Mathematics. Wien University.

83. Schindler M, Eppler M. (2003). Harvesting Project Knowledge: A review of project learning methods and success factors. In: International Journal of Project Management Vol. 21/3. 2003. Elsevier Science. Pp 219-228.

84. Schreiber, G. (2000) Knowledge Engineering and Management: the Common KADS methodology. Bradford Books, MIT Press.

85. Senge, Peter (1994). The Fifth discipline. Doubleday Business. New York.

86. Senge, Peter (1998). "La Quinta Disciplina. El arte y la práctica de la organización abierta al aprendizaje" Ed. Garnica. México, D.F. 1998.

87. Slade, AJ, Bokma, A.F. (2001), Conceptial approaches for personal and corporate information and knowledge management. Contenido en: Proceedings of the 34th Annual Hawaii Internacional Conference on systems Sciences. PP 418-425. IEEE Computer Society: Los Alamitos USA.

88. Smith, M. K. (2003) 'Michael Polanyi and tacit knowledge', the encyclopedia of informal education, http://www.infed.org/thinkers/polanyi.htm. Accesado el 20 de Julio de 2008.

89. Smith, O. Survey, D. Blackman, B. Good.(2003) Knowledge sharing and organizational learning: The impact of social architecture at ordnance survey. Journal of Knowledge Management Practice. University of Surrey. Mayo 2003.

90. Solow, Robert. (1957) Technical Change and the Aggregate Production Funtion. Review of Económics and Statistics. Agosto 1957.

91. Steward, T.A. (1997) "La Nueva Riqueza de las Organizaciones: El Capital Intelectual", Granica, Buenos Aires.

92. Suárez Valenzuela, Nicolás (2007). El ciclo de la inteligencia: Apuntes de Inteligencia. México D.F.

93. Sue Young Choi, Young Sik Kang and Heeseok Lee (2008). The effects of socio-technical enablers on knowledge sharing: an exploratory examination. Journal of Information Science, 34 (5) 2008, pp. 742–754 © CILIP, DOI: 10.1177/0165551507087710

94. Tapscott Don (1995). The Digital Economy: Promise and Peril in the Age of Networked Intelligence. McGraw Hill. NY.

95. Tapscott Don, Ticoll and Lowy (2000). Digital Capital: HArnessing the power of Business Webs .Harvard Business Review Press. USA.

96. Tapscott Don, Williams Anthony (2006) Wikinomics: How Mass Collaboration change everything. Portfolio Penguin Books.

97. Tejedor, B y Aguirre A. (1998) Proyecto Logos: Investigación relativa a la capacidad de aprender de las empresas españolas. Boletin de Estudios Económicos. Vol. LIII no. 164. Agosto 1998. pp. 231-249

98. Tiwana, Amrit (2002). The Knowledge Management Toolkit: orchestrating IT, strategy and knowledge platforms. 2nd Edition. Pearson Education.USA

99. Tsoukas, H. (2003), "Do we really understand tacit knowledge?", in Easterby-Smith, M. and Lyles, M.A.(Eds), The Blackwell Handbook of Organizational Learning and Knowledge Management, Blackwell, Malden, MA.

100. Tuomi, I. (1999), "Data is more than knowledge – implications of the reversed knowledge hierarchy for knowledge management and organizational memory", Journal of Management Information Systems, Vol. 16 No. 3, pp. 103-17.

101. Vance, D.M. (1997), Information, Knowledge and Wisdom: The Epistemic Hierarchy and Computer-based Information System, Proceedings of the 1997 America's Conference on Information Systems.

102. Varios (2004). Cuadernos de Trabajo #31. Gestión del Conocimiento y Capital Intelectual. CIDEC (Centro de Investigación y Documentación sobre problemas de la Economía, el Empleo y las Cualificaciones Profesionales). España.

103. Volberda H. (1996). Toward the Flexible Form: how to remain vital in hypercompetitive environments. Organization Science, Vol. 7, No. 3. pp 359-374

104.   Von Krogh George (2000) Enabling knowledge creation: How to unlock the Mystery of Tacit knowledge and release the power of innovation. Oxford University Press.

105.   Wikipedia   (2006b),   Existentialism,   disponible   en: http://en.wikipedia.org/wiki/Existentialism.

106.   Williams, R. (2006), "Narratives of knowledge and intelligence . . . beyond the tacit and explicit", Journal of Knowledge Management, Vol. 10 No. 4, pp. 81-99

107.   Zack Michael (1999). Developing a knowledge strategy. California Management Review. Vol. 41, n 3. pp 125-145.

108.   Zeleny, M. (2006), "From knowledge to wisdom: on being informed and knowledgeable, becoming wise and ethical", International Journal of Information Technology & Decision Making, Vol. 5 No. 4, pp. 751-62.

109.   Zhou, A.Z., Fink D. (2003) The intellectual capital web: A systematic linking of intelectual capital and knowledge management. Journal of Intelectual Capital. Bradford: 2003. Vol. 4, Iss. 1; p. 34-49.

Apéndice I

México D.F. a _ de _____ del 2008

Estimado señor o señora:

Estamos trabajando en un estudio sobre administración del conocimiento en México, que servirá para elaborar una tesis profesional de maestría de la Escuela Bancaria y Comercial.

Quiero solicitarle su amable apoyo para que conteste la presente encuesta, que le llevará de 15 a 20 minutos en contestarla, todas las respuestas serán confidenciales y anónimas para los fines del presente estudio.

Usted fue elegido por el perfil de puesto ejecutivo y de gerencia /coordinación que tiene en su organización. Las opiniones de todos los encuestados serán contabilizadas e incluidas en la tesis profesional, pero nunca se comunicará ningún dato individual.

Le rogamos conteste este cuestionario con la mayor veracidad y apego a realidad, no existen preguntas correctas ni incorrectas. Solo ocuparemos las encuestas contestadas en su totalidad. Usted será contactado en diez días naturales para ver si podemos recoger la encuesta, para lo cual, le ruego la deposite en el mismo sobre que le ha sido entregada.

Si desea, usted podrá recibir una copia del estudio final de la presente encuesta, vía electrónica, en cuyo caso le solicito incluya su información de contacto.

Si desea puede contestar esta encuesta via electrónica en la siguiente dirección, asimismo le enviamos un correo electrónico a su cuenta, con la liga personalizada para que la pueda contestar.:

Liga general: http://dantm.com/encuesta

Donde se le solicitaran sus datos de conformación para evitar duplicidad de datos.

Muchas gracias por su colaboración y apoyo.

Atentamente,

    [rubrica]
Ing. Daniel Trejo Medina
Daniel.Trejo@dantm.com

Encuesta para identificación y análisis de la visión de la Administración del Conocimiento en México.

Estimada(o) señor(a), Nombre del entrevistado la presente encuesta es parte de una investigación para una tesis de Maestría que tiene como fin la administración del conocimiento en México, agradecemos su amable atención y le solicitamos conteste lo más apegado a la realidad.

1.- ¿Cuál es su género?
- ☐ Femenino
- ☐ Masculino

2.- ¿Cuál es su rango de edad?
- ☐ 24 a 35 años
- ☐ 36 a 46 años
- ☐ 47 a 59 años
- ☐ 60 o más años

3.- ¿Cuál es su estado civil?
- ☐ Soltero
- ☐ Casado
- ☐ Otro

4.- Escolaridad. Por favor elija el de **mayor grado** únicamente.
- ☐ Secundaria o menor
- ☐ Bachillerato / preparatoria
- ☐ Licenciatura
- ☐ Especialidad
- ☐ Maestría
- ☐ Doctorado

5.- ¿Cuál es su profesión? Elija **todas** las que correspondan.
- ☐ Ciencias Sociales (Administración, Mercadotecnia, Contaduría, Economía)
- ☐ Humanidades (Filosofía, sociología, Derecho, Trabajo social, Psicología)
- ☐ Ciencias (Matemáticas, Biología, Física, Astronomía)
- ☐ Ingeniería (Sistemas, Tecnología, Civil, Electrónica, Industrial, Química)
- ☐ Otro:_____

6.- ¿Ha trabajado en el extranjero? (Tiene experiencia labora internacional)
- ☐ Si
- ☐ No

7.-¿Cuál es su escuela de origen? (únicamente Licenciatura, si aplica):

_____

8.- La empresa donde trabaja es pública (gubernamental) ó privada. Por favor solo elija una opción.

- ☐ Privada
- ☐ Pública / gubernamental
- ☐ Sin fines de lucro

9.- ¿De que tamaño es su empresa? (Número de empleados que tiene en el país). Por favor solo elija una de las siguientes

- ☐ De 1 a 50 empleados
- ☐ De 51 a 250 empleados
- ☐ De 251 a 1,000 empleados
- ☐ De 1,001 a 10,000 empleados
- ☐ Más de 10,000 empleados

10.- ¿Usted puede proponer, influir ó tomas decisión en un proceso de cambio significativo en la empresa? (Tiene usted el poder designado o asignado para hacer un cambio estructural o nueva propuesta de procesos)

- ☐ Si
- ☐ No

11.- ¿Cuál es el rango de ventas de su empresa? (elija solo una opción) (Volumen bruto de ventas)

- ☐ Hasta 5 millones de pesos
- ☐ De 5 a 10 millones de pesos
- ☐ De 10 a 100 millones de pesos
- ☐ De 100 a 500 millones de pesos
- ☐ De 500 a 1,000 millones de pesos
- ☐ Mas de 1,000 millones de pesos

12.- ¿Cuál es su posición o rol dentro de la organización? (Aplique todos los que correspondan)

- ☐ Propietario o Socio mayoritario
- ☐ Presidente, CEO
- ☐ Director de Finanzas
- ☐ Director de Recursos Humanos
- ☐ Director de Mercadeo
- ☐ Director Comercial/ventas
- ☐ Director de Investigación y desarrollo
- ☐ Director de Tecnologías de información
- ☐ Director de Operaciones
- ☐ Otro:_____

13.- ¿Sabe cual es el % de rotación de empleados en su empresa al año? (elija por favor solo una opción)

- ☐ 0 al 2%
- ☐ 2.1 al 5%
- ☐ 5.1 al 10%
- ☐ 10.1 al 20%
- ☐ 20.1 al 35%
- ☐ 35.1 al 50%
- ☐ Otro:_____

14.- ¿Su organización tiene planes de carrera definidos para todos los puestos? (Usted sabe que tiene que hacer o cumplir para llegar a una posición determinada)

- ☐ Si
- ☐ No

15.- ¿Cuál es su área de dominio o responsabilidad en su trabajo actual? (marque **todas** las que correspondan)

- ☐ Dirección General
- ☐ Recursos Humanos
- ☐ Administración /finanzas
- ☐ Contabilidad / contraloría
- ☐ Manufactura / operación
- ☐ Comercial/mercadeo
- ☐ Otro:_____

16.- ¿Su organización documenta sus procesos? ¿En que porcentaje (marque **solo una** de las siguientes) (La manera que guarda por escrito para consulta posterior los procedimientos de su empresa, ejemplos: ISO, SixSigma, manuales de políticas y procedimientos, entre otros)

- ☐ No, 0%
- ☐ 0.1 al 10%
- ☐ 10.1 al 20%
- ☐ 20.1 al 50%
- ☐ 50.1 al 75%
- ☐ 75% o mas

16.- ¿El mercado que atiende su organización es? (Es una zona, estado, país, varios países marque **todas** las que correspondan)

- ☐ Local (una ciudad, estado)
- ☐ Regional (varias ciudades o estados)
- ☐ Nacional
- ☐ Internacional

17.- ¿Cuál es el giro de su organización? (marque **todas** las que correspondan)
- ☐ Agroindustria
- ☐ Extracción
- ☐ Manufactura
- ☐ Comerciales Mayoristas
- ☐ Comerciales minoristas (*retail*)
- ☐ Telecomunicaciones
- ☐ Servicios Financieros
- ☐ Gobierno Estatal / municipal
- ☐ Gobierno Federal
- ☐ Servicios privados (contable, jurídicos, administrativos, entre otros)
- ☐ Educación / investigación
- ☐ Salud
- ☐ Transporte
- ☐ Turismo
- ☐ Otro:_____

18.- ¿Su organización vende o provee? (elija solo una opción)
- ☐ Productos
- ☐ Servicios
- ☐ Productos y servicios

19.- ¿Cómo es su posición en su mercado? (elija solo una opción)
- ☐ Débil
- ☐ Sostenible
- ☐ Fuerte
- ☐ Dominante

20.- ¿Cuál es su enfoque competitivo? (dentro de su empresa) (elija solo una opción)
- ☐ Diferencia por innovación (ya sea productos o servicios)
- ☐ Diferencia por calidad
- ☐ Diferencia por eficiencia operativa – precio
- Diferencia por flexibilidad de adaptarse al cliente

21.- ¿Cómo está organizada su empresa? (Desde el punto de vista funcional y de procesos) (elija solo una opción)
- ☐ Centralizada
- ☐ Descentralizada
- ☐ En proceso de centralización / descentralización

22.- Selecciones el valor que refleje mas su situación actual en su organización (por favor elija una opción para cada fila, donde 1 es menos de acuerdo, 5 mas de acuerdo)

	1	2	3	4	5
Conozco y puede definir que es el conocimiento	☐	☐	☐	☐	☐
Considero que el conocimiento es valioso	☐	☐	☐	☐	☐
Entiendo que es administrar el conocimiento	☐	☐	☐	☐	☐
Conozco que es el capital intelectual	☐	☐	☐	☐	☐
Se como administrar el conocimiento	☐	☐	☐	☐	☐

23.- Mi empresa esta caminando a:
(por favor elija una opción para cada fila, donde 1 es menos de acuerdo, 5 mas de acuerdo)

	1	2	3	4	5
Mi empresa trabaja con individuos mas que con equipos	☐	☐	☐	☐	☐
Existen equipos que enseñan y documentan las actividades	☐	☐	☐	☐	☐
He escuchado que se instrumentará administración del conocimiento	☐	☐	☐	☐	☐
El conocimiento lo guardan unos pocos	☐	☐	☐	☐	☐
El conocimiento se comparte a todos los niveles y áreas	☐	☐	☐	☐	☐
Yo comparto el conocimiento con todos mis compañeros de trabajo	☐	☐	☐	☐	☐

24.- Para usted ¿Qué es mas importante… (Elija solo una opción)
☐ Documentar mis actividades para que todos aprendan y no sea indispensable
☐ Mantener el conocimiento aislado para tener mas poder
☐ Me es indiferente el documentar o compartir mi experiencia

25.- ¿Puedo compartirnos el nombre de su empresa? (esta información se mantendrá confidencial)
☐ Si
☐ No

Solo si respondió si a la pregunta 25, si no brinque a las pregunta 28.

26.- ¿Cuál es el nombre de su empresa?
_____

27.- ¿Desea recibir el resultado de esta encuesta?
☐ Si
☐ No
Si contesto si, escriba su e-mail:_____

28.- Su empresa esta considerando iniciar algún proyecto de administración del conocimiento (elija solo una opción)
☐ Si (en menos de seis meses)
☐ Si (en mas de seis meses)
☐ No

Solo Si respondió si (en menos de seis meses) o si (en más de seis meses):

29.- ¿Qué iniciativas de administración del conocimiento considera mas importantes para su empresa? (ordene de la mas preferente con (1) a la menos relevante con (11))

_____ Organización que aprende
_____ Memoria organizacional
_____ Identificación y transmisión de mejores practicas
_____ Empresa basada en conocimiento
_____ Sistemas para visualizar conocimiento
_____ Sistemas de inteligencia de negocio (no reporteadores)
_____ Comunidades de aprendizaje / práctica
_____ Sistemas de capital humano
_____ Migración de conocimiento tácito a implícito
_____ Sistema de remuneración basado en conocimiento
_____ Sistemas informáticos para ingestar y distribuir información en la organización

Solo Si respondió si (en menos de seis meses) o si (en más de seis meses):
30.- ¿Está contemplando o tienen ya alguna posición de alto nivel responsable de la administración del conocimiento¡Error! Marcador no definido.? (elija solo una opción)
□ Si
□ No

Solo Si respondió si (en menos de seis meses) o si (en más de seis meses):
31.- ¿Contemplaría el uso de un apoyo externo de un especialista en administración del conocimiento? (elija solo una opción)
□ Si
□ No

32.- ¿Cuál es su opinión en la prioridad que debe tener la administración del conocimiento en una empresa globalizada? (elija solo una opción)
□ Nula o marginal
□ Mediana prioridad
□ Alta Prioridad

33.-Si su empresa ya cuenta con un sistema de administración del conocimiento ¿Cuáles fueron los principales obstáculos que enfrentó? (elija todas las opciones que apliquen)

□ No hemos hecho ninguna iniciativa
□ Resistencia al cambio _____
□ Resistencia de grupos de poder _____
□ Fue una moda únicamente _____
□ Falta de soporte/ infraestructura tecnológica _____
□ Problemas Financieros _____
□ Erro de dimensionamiento _____
□ Bajo compromiso de la dirección /gerencia _____

□ Otro: _____

Responda la pregunta 34 y 35, solo si la respuesta a la 32 fue diferente a no haber hecho ninguna iniciativa.

34.- Los beneficios obtenidos con el uso de la administración del conocimiento fueron: (elija solo una de las siguientes)

☐ Los esperados o prometidos
☐ Menos de lo esperado o prometido
☐ Superaron la espectativa
☐ Comerciales Mayoristas
☐ Comerciales minoristas (*retail*)
☐ Telecomunicaciones
☐ Servicios Financieros
☐ Gobierno Estatal / municipal
☐ Gobierno Federal
☐ Servicios privados (contable, jurídicos, administrativos, entre otros)
☐ Educación / investigación
☐ Salud
☐ Transporte
☐ Turismo

35.-Por favor indique cuales han sido los beneficios (elija todas las que apliquen)

☐ Satisfacción del cliente
☐ Satisfaccion del empleado
☐ Nuevos productos / mayor innovación
☐ Mejor calidad
☐ Financieros
☐ Ciclos de producción mas cortos
☐ Mayor participación de mercado
☐ Mejores niveles de servicio y postventa
☐ Menor rotación de empleados

Otro: _____

Responda la pregunta 36, solo si contesto no a la pregunta 28 (elija la que mas se aproxime a la realidad)

36.- Los beneficios obtenidos con el uso de la administración del conocimiento fueron: (elija solo una de las siguientes)

☐ Falta de presupuesto
☐ Falta de infraestructura (ecnológica/ humana)
☐ No nos interesa
☐ Cuestiones de Sindicato / burocracia
☐ No identificamos un beneficio inmediato (ROI-retorno de inversión)
☐ Dependemos de corporativo para tomar la decisión o iniciativa

37.- Usted tiene un sistema de administración del conocimiento hoy día (elija solo una de las siguientes)

☐ Si
☐ No

38.- Usted considera tener la experiencia necesaria para instrumentar un sistema de administración del conocimiento hoy día (elija solo una de las siguientes)

- ☐ Si
- ☐ No

Pantallas de la encuesta elaborada por Internet:

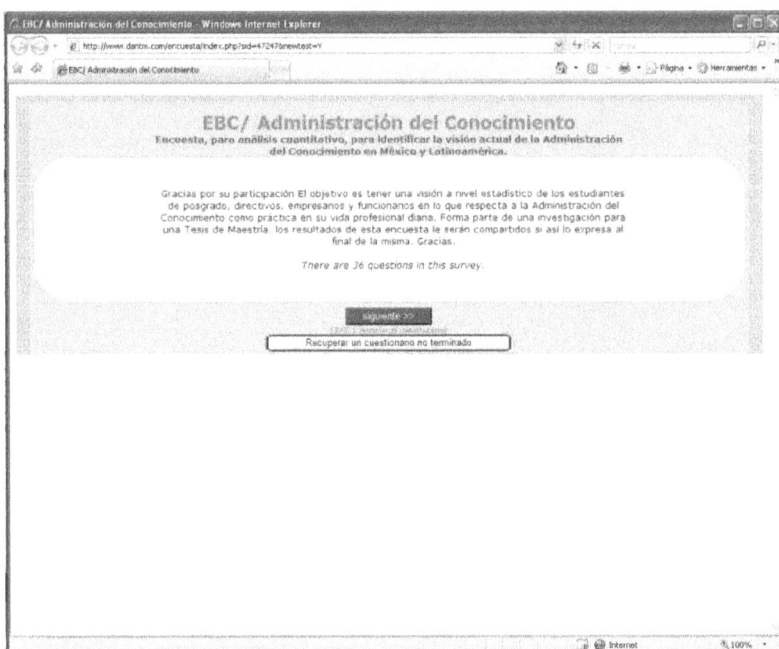

Apéndice I. I Pantalla de Bienvenida en la encuesta vía Internet

Apéndice I. IIPantalla de la encuesta vía Internet

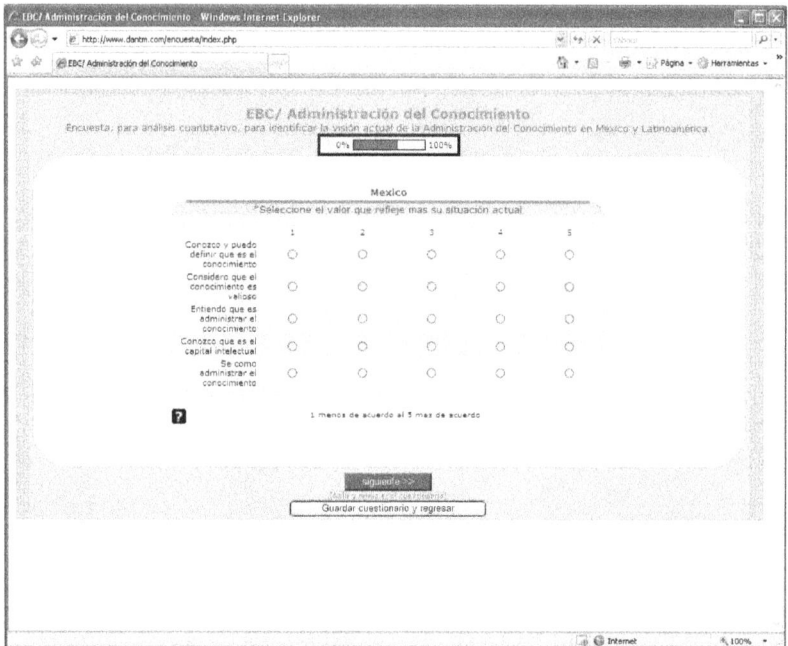

Apéndice I. III Pantalla de ejemplo en la encuesta vía Internet

www.ingramcontent.com/pod-product-compliance
Lightning Source LLC
Chambersburg PA
CBHW031404180326
41458CB00043B/6616/J